L'Autre

Maryn Morgan

© Maryn Morgan, 2020

ISBN : 9798632911511

Dépôt légal : mai 2020

« Dans le plus petit comme dans le plus grand bonheur, il y a quelque chose qui fait que le bonheur est un bonheur : la possibilité d'oublier, ou pour le dire en termes plus savants, la faculté de sentir les choses, aussi longtemps que dure le bonheur, en dehors de toute perspective historique. L'homme qui est incapable de s'asseoir au seuil de l'instant en oubliant tous les événements du passé, celui qui ne peut pas, sans vertige et sans peur, se dresser un instant tout debout, comme une victoire, ne saura jamais ce qu'est un bonheur et, ce qui est pire, il ne fera jamais rien pour donner du bonheur aux autres. »

Friedrich Nietzsche

Table des matières

À Poupi…
Merci…

Prologue

*« Nul bonheur, nulle sérénité, nulle espérance,
nulle fierté, nulle jouissance de l'instant présent ne
pourrait exister sans faculté d'oubli. »*

Friedrich Nietzsche

Marie laissa échapper la tasse de thé de ses mains tremblantes. Au milieu des débris de verre, le liquide brûlant se répandait sur le sol, rougissant ses pieds nus. Pourtant, elle ne bougeait pas. Figée devant son écran de télévision, ne pouvant détourner les yeux, elle était incapable de réagir. Tant de sensations se bousculaient qu'aucune ne parvenait à prendre le dessus sur les autres. Tant de questions, en une seule seconde. Toute sa vie semblait condensée dans cet instant. Les joies, les peines, la peur, l'espoir. Elle pouvait sentir son cœur taper jusque dans ses tempes. Elle voulait rire, pourtant des larmes roulaient sur ses joues. Elle voulait hurler, pourtant les mots refusaient d'émerger. Se pouvait-il que ce ne fût qu'un rêve ? Douze ans. Elle venait de passer douze ans à prier, implorer, supplier, espérer, désespérer, se révolter, se résigner. Douze ans qui l'avaient presque conduite à ne plus oser y croire. Et soudain tout redevenait possible. Elle était là, devant elle, cette enfant disparue depuis si longtemps. Cette petite fille qui s'était évaporée comme si elle n'avait été qu'un songe. Cette petite fille qu'on n'avait jamais retrouvée. Elle était là, cette jeune femme qui lui avait déchiré le cœur en la privant d'être maman. Cette jeune femme devenue adulte en secret. Il était là, son bébé, pour qui elle avait tant d'amour en retard. Son bébé qui avait finalement si peu changé. Les mêmes boucles rousses, les mêmes yeux noisette. Une maman ne peut pas oublier. La même moue boudeuse, le même teint de porcelaine. Une maman ne peut pas se tromper. Il suffisait d'appeler. Le numéro défilait inlassablement. L'inconnue, comme ils l'appelaient, devait avoir une vingtaine d'années, elle avait eu un accident, elle était amnésique. Peu importait qu'elle ait tout oublié de ce passé qui leur avait fait tant de mal, Marie l'oublierait aussi, pour ne plus laisser de place qu'au présent, pour profiter de chaque minute. Il fallait juste aller la chercher. Et la vie reprendrait là où elle s'était arrêtée. Combien de fois avait-elle imaginé ces retrouvailles ? Combien de fois avait-elle préparé ses mots, ses phrases ? Les choses seraient peut-être compliquées au début, mais avec de l'amour on parvient à tout. Elle panserait leurs blessures, elles tourneraient le dos au chagrin. Le journaliste précisait que l'appel à témoins n'avait, pour l'heure, donné aucun résultat, en huit jours de diffusion. Pauvre petite ! Que pouvait-elle penser ? Elle devait se sentir tellement seule. Il suffisait d'appeler. Et, seule, elle ne le serait plus jamais. Et le cauchemar prendrait fin, pour tout le monde. Le destin répondait enfin, il lui offrait une chance. Le bonheur était là, à portée de main. Simplement appeler.

Marie saisit son téléphone, composa fébrilement le précieux numéro qui s'affichait encore à l'écran. À l'autre bout du fil, l'opératrice s'impatientait :

— Allô... Allô ? Je ne vous entends pas ! Avez-vous des renseignements sur l'inconnue ? Allô ?

D'une voix étranglée, presque inaudible, Marie parvint finalement à bafouiller, avec plus d'émotion qu'il n'était possible d'en contenir :

— C'est... C'est ma fille...

1

— Vas-y, rentre à la maison, si tu veux ! Je finis de ranger et je fermerai. T'inquiète pas ! déclara Louise.

— Je vais au moins t'aider à arroser les plantes.

— C'est déjà fait ! répliqua-t-elle, satisfaite.

— Tu es vraiment une perle rare ! conclut Gérald avec un sourire plein de tendresse.

— Tu sais bien que c'est un bonheur pour moi de travailler ici, avec toi. Cette boutique, je pourrais y passer ma vie. Le parfum des fleurs, leurs couleurs, leur beauté. J'ai l'impression qu'elles ont tellement de choses à m'apprendre. Je me sens parfois bien plus proche d'elles que des gens.

— Ce qu'elles t'apprennent, c'est le moment présent. Tu es comme elles, Louise, elles non plus n'ont pas de souvenirs. Et c'est peut-être ce qui les rend parfaites, épanouies, rayonnantes, pleinement attentives. Elles se moquent pas mal d'hier ou de demain, la vie c'est aujourd'hui, et elles lui rendent hommage, certifia le papa avec toute la bienveillance qui le caractérisait.

— Tu as sans doute raison… Et la plus magnifique de toutes, pour moi, c'est…

— Le crocus ! énoncèrent-ils en chœur.

— Oui, enchaîna Louise songeuse, elle est belle. Elle est belle et courageuse.

— Tout comme toi, murmura-t-il en la serrant contre lui.

Louise était une jeune femme extrêmement sensible et plutôt réservée. Le monde extérieur lui semblait parfois bien hostile. Trop gris, trop froid, trop bruyant. Elle considérait que tout allait trop vite. Les gens, stressés. Le temps, pressé. Elle peinait à suivre le rythme effréné que la plupart des gens paraissaient maîtriser. Aussi avait-elle pris l'habitude de fermer la boutique, le soir, juste pour être la dernière à partir, juste pour savourer ce moment de calme et de bien-être, seule entourée de ses fleurs. Le jour qui déclinait rendait la lumière plus moelleuse, le brouhaha de la journée s'étouffait lentement jusqu'à devenir imperceptible, alors le temps se suspendait et Louise se ressourçait. Quelques minutes. Simplement quelques minutes de parfaite quiétude, où, lui semblait-il, il était même possible, si l'on tendait l'oreille, d'écouter chanter les fleurs, d'entendre les plantes respirer. Ces quelques minutes suffisaient à atténuer ses appréhensions, à endormir ses doutes, au moins jusqu'au lendemain.

Louise profita, encore un instant, des bras aimants et rassurants de son père, puis se dégagea et reprit d'un ton taquin :

— Allez, laisse-moi travailler maintenant ! Je devrais avoir terminé, et mon patron est... comment dire ? Un peu pointilleux, pas très marrant, en fait !

— Quelle importance ? rétorqua Gérald sur le même ton de plaisanterie, il sera bientôt à la retraite, et la boutique sera à toi !

Ils rirent de bon cœur, puis surveillant sa montre, le patron ajouta :

— Cela dit, tu as raison, il ne faut pas traîner. Tu sais que c'est l'anniversaire de ta mère, et qu'on t'attend bien sûr, ce soir, pour dîner.

— Oh non, je suis désolée, j'avais oublié ! Mais qu'est-ce que je vais lui offrir ? Je n'ai rien prévu !

Gérald jeta un coup d'œil autour de lui, et avec un sourire entendu, proposa :

— Bah, des fleurs ! Ta présence et des fleurs, je pense que c'est plus qu'il n'en faut pour rendre ta mère heureuse !

— Je t'adore, papa ! File maintenant. À tout à l'heure.

L'Autre

Louise regarda son père s'éloigner. Elle éprouvait tant d'affection pour cet homme qu'elle ne côtoyait finalement que depuis trois ans, qu'elle avait découvert et appris à connaître dans des conditions plus que particulières. Elle se demandait parfois si elle aurait pu l'aimer davantage en se souvenant. Si se rappeler ses premières rentrées à l'école, ses premières balades à vélo, ses premiers gâteaux d'anniversaire, aurait pu rendre ses sentiments encore plus forts. Elle était convaincue que non. Elle pensait, au contraire, qu'elle l'aimerait peut-être de manière plus formelle. Aimer ses parents, c'est la norme, on n'y prête même pas attention, c'est comme ça. Ce n'est que plus tard et dans des cas particuliers que l'on peut remettre cet amour en question, mais au départ il est là, comme un cadeau qu'on échange avec eux, dès la naissance. Les choses avaient été différentes pour Louise et Gérald, ils avaient dû tisser des liens, petit à petit, il l'avait apprivoisée, adoptée, aucun père n'a besoin de faire ça dans une situation classique, l'amour de leur enfant est acquis, il suffit de l'entretenir. Gérald, lui, avait dû aller le chercher, il l'avait construit, il l'avait gagné, à force de cœur et de patience. Il avait accepté de n'être qu'un étranger pour elle, il avait accepté de tout lui donner sans rien recevoir. Elle l'avait vu souffrir en silence, lorsqu'il voulait la prendre dans ses bras et qu'elle reculait, presque effrayée, lorsqu'elle disait « monsieur », lorsqu'elle refusait d'être sa fille. Mais il n'avait jamais renoncé. Et elle l'avait apprécié, respecté, et finalement aimé, profondément, sincèrement, indélébilement.

Louise sourit en pensant à l'expression populaire : « on choisit ses amis, on ne choisit pas sa famille ». Elle s'estimait privilégiée : si elle avait eu à choisir une famille, c'était bien Marie et Gérald qu'elle aurait désignés. Elle se remit au travail, impatiente, cette fois, de terminer et de rejoindre les siens.

§

La table était déjà joliment dressée, le champagne et le gâteau reposaient au frais. Gérald s'était chargé de commander le repas chez le traiteur afin que sa femme n'ait à s'occuper de rien. Il tenait à ce qu'elle profite de sa journée. Marie s'était retirée dans sa chambre et savourait son bonheur. Elle mesurait sa chance : un mari qui après tant d'années et d'épreuves n'avait jamais cessé de la soutenir en toute circonstance, de la protéger, de la couvrir de respect et d'attention. Une fille, si merveilleuse, si parfaite, qui enchantait de nouveau son quotidien et illuminait sa vie. Une maison agréable. Un magasin de fleurs qui marchait plutôt bien et leur permettait de vivre confortablement. Le ciel la récompensait-il enfin de tous ses efforts ?

Elle attrapa un coussin qu'elle entoura de ses bras et le serra contre sa poitrine. Elle laissa vagabonder ses pensées et se remémora le chemin parcouru pour en arriver là.

Elle avait épousé Gérald, alors qu'elle n'était encore qu'une toute jeune femme et s'ils s'aimaient sincèrement, leur naïveté les avait poussés à suivre les règles établies. Ils avaient chacun accepté un poste dans l'administration. Des postes qui ne leur correspondaient pas, ne les épanouissaient pas, ne les intéressaient même pas, mais leur garantissaient la sécurité de l'emploi. On leur avait dit que c'était important. On leur avait expliqué comment on construit une vie. Ceux qui savaient avaient partagé leur expérience, avaient donné les consignes. Le couple avait ensuite pris un crédit sur trente ans pour acheter une belle maison avec jardin dans un quartier tranquille, et avait mis en route un bébé, le deuxième viendrait plus tard, dès que l'un des parents aurait une promotion. Voilà, tout était tracé. La vie suivait son cours, aussi prévisible que monotone. La petite Louise avait fêté ses cinq ans, mais personne ne l'avait vue grandir, ils étaient trop occupés à façonner son avenir. Pas le temps de profiter du présent quand on s'épuise à modeler un futur parfait. Et puis trois ans plus tard, un matin de juin, tout avait basculé. Comme d'habitude, Gérald était déjà parti travailler. Comme d'habitude, Marie terminait, dans la cuisine, de préparer le goûter qu'elle glissait dans le cartable de la petite, avant de la conduire à l'école et de regagner son bureau. Comme d'habitude, dès qu'il faisait beau, Louise l'attendait dans le jardin, jouant au ballon ou poursuivant les papillons. Mais ce jour-là, après avoir fermé la porte, Marie avait appelé sa fille. Les minutes semblaient interminables. Elle avait appelé Louise, elle hurlait son prénom, son cartable à la main. Elle ne comprenait pas, ne voulait pas comprendre.

Louise ne répondait pas. Louise ne répondrait plus. Tout s'était ensuite enchaîné très vite, le coup de fil à la gendarmerie, les recherches, l'attente. Puis les questions, l'angoisse, la culpabilité, le monde qui s'effondre, et les jours qui s'égrènent. Et sans qu'on y prenne garde, ce sont les années qui passent et avec elles, l'espoir. Ils avaient cru que tout était perdu, ils avaient cru devenir fous, ils avaient pensé en finir. Mais une chose ne les avait jamais quittés, l'amour. L'amour qu'ils éprouvaient l'un pour l'autre, l'amour qu'ils vouaient à leur fille. Et cet amour les avait sauvés. Au moment de sombrer, ils avaient relevé la tête. Sept ans après la disparition de leur enfant, ils avaient tout lâché, tout vendu, déménagé à des centaines de kilomètres, emmenant Louise dans leur cœur. Ils recommençaient à zéro, avec l'amour pour seul guide, et la confiance en la vie. Ils se devaient d'être forts. Ils se devaient d'être heureux, pour faire honneur à leur fille. Ils s'étaient reconvertis dans la vente de fleurs, leur véritable passion depuis toujours. Finie la vie parfaite, parfaite selon les autres. Ils vivraient pour de vrai et Louise serait fière.

Marie lâcha le carré de mousse, le tapota doucement pour qu'il reprenne sa forme initiale et le déposa sur son lit. Elle avança vers sa coiffeuse et prit place sur le fauteuil qui lui faisait face. Elle observa, quelques secondes, son reflet dans le miroir. Elle avait pris un coup de vieux. Pas de ces coups de vieux qui, peu importe l'âge, vous tombent tout à coup dessus quand vous cessez de croire, quand vous cessez d'aimer, quand vous cessez de vivre. Non, pas ce coup de vieux là ! Mais celui de la sagesse et de la sérénité. Comme si pendant des années elle avait retenu le temps, refusant qu'il s'écoule séparée de sa fille. Puis l'ayant retrouvée, elle avait lâché prise, elle avait accepté que ce temps la rattrape, elle se fichait pas mal de ce qu'il pouvait faire. Un seul instant auprès de Louise contenait, pour elle, l'éternité. Ses rides au coin des yeux n'étaient que les témoins des sourires retrouvés. Marie était heureuse même si au fond d'elle subsistait comme une blessure enfouie, une cicatrice secrète qui donnait à son regard, par-delà la douceur, une étrange profondeur. Que pouvait-il y avoir de plus impensable à surmonter que l'absence d'un enfant. Rien. Et ils avaient survécu. Avec des marques indélébiles, des morceaux brisés à jamais, mais ils avaient survécu. Ils étaient indestructibles. L'amour était indestructible, il triomphait de tout. Marie était décidément une femme étonnante, 1m60 de force et de détermination. Cinquante kilos d'amour et de tendresse. Un petit bout de femme. Une géante.

La voix de son mari la tira de ses pensées. Louise était arrivée, il n'y avait aucun doute. Gérald changeait de ton, parlait plus fort, il chantait presque ses mots dès que sa fille était là. Marie le chahutait souvent à ce sujet, lui ne se rendait pas compte, mais plus que ses paroles, on entendait sa joie. Elle enfila, à la hâte, sa plus belle robe, orna son cou d'une délicate chaîne d'or et descendit rejoindre sa famille.

Gérald ne s'était pas trompé, la présence de Louise et le magnifique bouquet qu'elle avait elle-même composé pour l'occasion semblaient suffire à combler Marie de bonheur. Lorsqu'ils avaient retrouvé leur fille, cette mère blessée avait naïvement pensé que leur vie reprendrait où elle s'était arrêtée. Elle avait préparé sa chambre. Elle avait occulté les années écoulées. Et si Louise les avait acceptés comme parents alors que rien ne lui rappelait qu'ils l'étaient, elle avait plus de vingt ans, et n'était pas prête à vivre avec deux autres adultes dont elle ne savait rien. Aussi avait-elle choisi d'emménager dans un petit appartement au quatrième étage d'un immeuble de charme, non loin de chez eux. Ils l'avaient aidée à s'installer. Ils avaient respecté son besoin d'intimité, d'indépendance. Elle habitait à deux pas, elle travaillait à la boutique, elle passait les voir tous les jours, elle était là. Pourtant pour Marie, il avait été compliqué de composer avec ce temps volé. On lui avait pris une enfant qu'elle couchait dans son lit en l'embrassant, on lui rendait une jeune femme qui souhaitait vivre sa propre vie, avec pour seule transition l'absence et le manque. Elle s'était adaptée, peu à peu, mais retrouver son mari et sa fille, à la maison, autour de la même table, pour partager leur repas, comme avant, restait pour elle un moment de joie intense.

Marie remplissait les coupes de champagne, le déjeuner s'était déroulé dans la bonne humeur générale. Mais, comme souvent, la mélancolie avait fini par s'inviter, et Louise avait abordé la sempiternelle question. « Qui suis-je ? » Elle avait consenti depuis longtemps à ne connaître ses proches que par le récit de leur vie, mais en ce qui la concernait, le doute subsistait. Qu'on lui ait raconté ses propres souvenirs ne suffisait pas à les faire siens. Et puis personne n'était en mesure de lui apporter la moindre information sur ses douze dernières années. Personne ne savait où elle était, ce qu'elle avait fait, ce qu'elle avait vécu. C'était comme si elle n'avait pas existé, comme si elle n'avait pas été. Ce vide l'étouffait de l'intérieur. Comment peut-on savoir qui l'on est, si l'on ignore qui l'on a été ? Ne sommes-nous pas seulement le résultat de notre vécu, notre passé, nos souvenirs ? Et si ces souvenirs disparaissent se peut-il que l'on ne soit personne ? Louise se sentait perdue. Son père s'évertuait à la ramener au présent, tentait de la convaincre que lui seul existait. Que ce qu'elle était à ce jour était tout ce qu'elle avait à être. Que notre identité ne se définit pas par notre mémoire, mais par notre cœur. Il aimait la comparer à un papillon, lui expliquer que lorsque celui-ci se réveille, il déploie simplement ses ailes et s'envole. Il ne cherche pas à se rappeler si hier il n'était que chenille, s'il pensait pouvoir voler, demain. Et pourtant, aujourd'hui, n'est-il pas un papillon, complet, parfait, magnifique ? Il l'est. Nul besoin de regarder en arrière, nul besoin de souvenirs.

Louise caressa de ses doigts la large cicatrice qui barrait sa main gauche. Elle ignorait son origine. Elle l'avait oubliée comme tout le reste. Elle soupira. Elle ne souhaitait surtout pas faire de peine à ses parents, elle ne voulait pas non plus qu'ils culpabilisent la pensant triste et désespérée. D'ailleurs elle ne l'était pas. Elle était heureuse avec eux, dans cette vie. Restait seulement quelque chose, quelque part, à combler. Ce quelque chose indéfinissable qu'elle continuait de croire indispensable.

2

Matthieu poussa la porte de la pizzeria de la Place. Depuis trois mois, c'était son rituel. Non pas pour la qualité de la cuisine qui était la même qu'ailleurs ni pour le cadre plutôt neutre et sans intérêt, pas même pour la proximité, ce n'étaient pas les lieux où se restaurer qui faisaient défaut aux alentours de l'hôpital. D'ailleurs il n'avait jamais vraiment aimé les pizzas, la plupart du temps il y touchait à peine. Non, s'il venait ici, c'était uniquement pour la voir. Lui qui avait pour habitude de tout contrôler, tout prévoir, n'avait toujours pas compris ce qu'il lui était arrivé. La première fois qu'il avait franchi le seuil de cet établissement, c'étaient des amis qui l'avaient quasiment traîné jusque-là, pour une soirée d'anniversaire. Il s'était forcé, il n'avait pas envie, il était fatigué, il s'était ennuyé et puis il l'avait vue. Elle avait déposé son assiette, il avait tourné la tête pour la remercier, et quelque chose s'était passé. Quelque chose qui relevait, pour lui, de la féerie. Il s'était retrouvé comme un gosse émerveillé par l'apparition d'une princesse dans un monde imaginaire. Il avait l'impression que sa lumière éblouissante venait de tout éclairer, la pièce, son cœur, sa vie. Elle n'était pas seulement belle. Des femmes belles, il en avait connu. Des femmes comme elle, jamais.

Depuis ce jour, il n'avait eu de cesse de revenir la voir, l'apercevoir, sentir simplement sa présence, entendre le son de sa voix, croiser un instant son regard. Il s'était parfois risqué, sans succès, à attirer son attention, à engager la conversation. Lui, d'ordinaire si sûr de lui, se sentait totalement démuni, vulnérable face à elle. Et le plus extraordinaire était qu'il n'y résistait pas, il abandonnait son pouvoir avec joie. Il lui était étonnamment agréable de céder à cet envoûtement.

Matthieu la regarda approcher de sa table, son cœur s'accéléra :

— Monsieur, il y a un problème ? questionna-t-elle d'une voix cristalline.

— Heu… non, pardon… je ne voulais pas vous mettre mal à l'aise. Je ne vous observe pas d'ailleurs, je… je réfléchis simplement à mes dossiers… excusez-moi, bafouilla-t-il maladroitement.

— Pardon ? Je parle de la pizza, vous n'y avez pas touché. Il y a un problème ?

— Oh la pizza ? Oui, délicieuse ! Parfait, merci ! s'enlisa le jeune homme écarlate.

La séduisante employée soupira intérieurement. Elle aimait beaucoup son travail et était bien consciente que la satisfaction du client faisait partie intégrante de ses attributions. Mais cela devait se limiter au bon déroulement de leur repas. Elle ne supportait pas les lourdauds, les indélicats, les dragueurs compulsifs qui avaient tendance à croire que la serveuse pouvait, éventuellement, faire partie du menu. Généralement, elle anéantissait rapidement leurs espoirs, s'efforçant de rester correcte, mais n'omettant jamais d'être ferme.

— Au bout de la rue, il y a un pub où ils servent d'excellentes salades. De toute façon, manger des pizzas tous les jours, c'est pas vraiment bon pour la santé.

— C'est vrai. Je connais un peu ce qui touche à la santé. Je suis interne à l'hôpital, à côté. Mais vous savez, envoyer les clients chez la concurrence, c'est pas vraiment bon pour le commerce ! répondit-il retrouvant soudain sa répartie.

La jeune femme tourna les talons après avoir offert à son interlocuteur un sourire de politesse. Matthieu comprit qu'il n'avait pas marqué des points. Décidément tout était différent avec elle et il ne savait pas comment s'y prendre. D'ordinaire les filles n'étaient pas vraiment un problème pour lui : un jeune interne en médecine, plutôt beau garçon, bourré de charme et d'humour, et pour le moins cultivé, n'avait aucun mal à se vendre auprès de la gent féminine. Même s'il n'en résultait au final que des relations éphémères et superficielles. Et si la différence résidait dans le fait que cette fois, il ne cherchait pas seulement à flatter son ego ? Si cette fois, son centre d'intérêt c'était elle, et plus lui ? S'il était simplement amoureux ? Non. C'était impossible, il ne la connaissait même pas !

Matthieu ramassa les quelques dossiers qu'il avait pris l'habitude de disposer sur sa table, davantage pour se donner une certaine contenance que par réelle nécessité, régla son addition et sortit du restaurant, plutôt vexé, assez déçu et très perplexe.

§

Dans la salle de repos, durant sa pause, le docteur tournait en rond, mâchouillant son stylo, il ruminait. Il n'était absolument pas fier de son attitude lors du déjeuner. Il était surtout particulièrement insatisfait du résultat. Il fallait qu'il répare sa maladresse. Mais comment ? Qu'allait-elle penser de lui ?

Sa collègue fit irruption dans la pièce, l'obligeant brutalement à revenir à la réalité :

— Salut, Matthieu ! Oh ! Tu me sembles bien tracassé, se moqua-t-elle désignant du doigt le stylo en piteux état. Pourtant les cas que nous avons eus en début d'après-midi n'étaient pas très préoccupants.

L'Autre

— Salut Léna ! Je réfléchis, c'est tout, se défendit Matthieu embarrassé. Et toi, qu'est-ce qui t'amuse autant ? demanda-t-il à la jeune femme qui continuait de l'observer en ricanant.

— Toi ! plaisanta-t-elle. Elle te plaît cette fille ? enchaîna Léna sans aucune transition.

— Quelle fille ? bredouilla le docteur, sentant le rouge lui monter aux joues.

— Le regard un peu vitreux, un peu bête. Les cent pas durant des heures. Les stylos détruits. Les réactions d'adolescent gêné comme si ta mère venait de trouver ton journal intime. Désolée, mais c'est sûrement pas un problème médical, c'est un problème de fille ! Alors ? Elle te plaît vraiment ?

— Je crois bien, oui ! avoua l'amoureux démasqué.

— Ben, dis-le-lui ! Tout simplement ! Ne calcule pas, ne réfléchis pas, ne prépare surtout pas de scénario bidon ! Sois timide, maladroit, fragile même, mais sincère. Sois toi-même. Crois-moi, c'est tout ce qu'on attend de vous. Allez, voilà, problème réglé ! On peut repartir sauver des vies, maintenant ? s'amusa la jeune interne.

— Oui ! Merci beaucoup, Léna ! Allons sauver des vies !

Léna était parvenue à convaincre Matthieu. C'était elle qui avait raison. Toutes ses tentatives plus ou moins arrangées pour conquérir sa belle serveuse s'étaient soldées par des échecs. Plus il cherchait à la séduire, plus il voulait briller et plus elle se détournait de lui. C'était clair, il avait pris sa décision, il allait lui parler, se jeter à l'eau. Il cesserait son numéro de charme utilisé cent fois. Il serait juste lui, sincère, honnête, déstabilisé par des sentiments qu'il ne comprenait et ne connaissait pas. Il lui ouvrirait son cœur, il se mettrait à nu, et peu importait le résultat c'était ce qu'il avait envie de faire. Et puis il ne pouvait pas continuer comme ça, il pensait à elle en permanence, toutes ses journées ne s'articulaient plus qu'autour d'elle, autour du moment où il pourrait la voir, où il pourrait avoir l'impression de faire partie de sa vie. Et pour la première fois, son orgueil se taisait. Il n'avait pas peur. Ni pour son image. Ni pour les conséquences. L'amour avait terrassé l'amour-propre.

Le soir venu, Matthieu attendait fébrilement devant la porte de la pizzeria. Il n'avait pas préparé son discours. Entre impatience et anxiété, il était bien décidé à laisser libre cours à ses sentiments. Il espérait que la magie de l'amour ferait le reste.

Elle apparut enfin :

— Bonsoir, lança-t-il dans un élan de courage.

La jeune femme sursauta :

— Vous m'avez fait peur ! grommela-t-elle d'un air agacé.

— Excusez-moi ! Décidément je fais tout de travers, je ne voulais pas vous effrayer ! Je m'appelle Matthieu…

— Pardon, mais vous perdez votre temps ! le coupa-t-elle, je voudrais pas être impolie, mais j'aimerais juste rentrer chez moi et me reposer maintenant.

— Laissez-moi, au moins, vous raccompagner. S'il vous plaît.

Elle hésita un instant, détaillant de bas en haut, celui qui, assurément, ne représentait pas un danger imminent, puis acquiesça finalement d'un hochement de tête.

— Je ne connais même pas votre prénom, risqua-t-il.

— Adèle.

3

Louise terminait de préparer son traditionnel plateau-repas du samedi soir. Elle aimait particulièrement ce moment rien qu'à elle, où après une journée plutôt agitée à la boutique, elle se posait dans la quiétude de son appartement avec un bon livre pour seule compagnie. Elle s'autorisait aussi à grignoter tout ce qui lui faisait envie : le trop gras, trop salé, qu'elle surveillait le reste de la semaine, avait, ce soir-là, le champ libre tout comme le vin rouge, son péché mignon. Elle prenait plaisir à ouvrir une bonne bouteille, et à déguster le breuvage dans un immense verre à pied. C'était pour elle une belle et agréable soirée, qui lui permettait de se retrouver, de se reposer aussi, car de surcroît elle était suivie d'une grasse matinée plus qu'appréciable.

À peine avait-elle déposé son plaid sur ses jambes, et englouti un minuscule feuilleté au fromage que son téléphone se mit à vibrer. Un message de Jérémy : « Pose immédiatement ton bouquin, ton verre de rouge et tes chips, fais-toi aussi belle que possible, on t'attend à 21 h au Déclic, Mona a fait des siennes et on a un heureux événement à fêter ! »

Louise sourit tendrement. Jérémy la connaissait tellement bien. Jérémy c'était le premier ami de sa nouvelle vie. Elle l'avait rencontré à l'hôpital. Il était infirmier. Dès son arrivée, après l'accident, il l'avait prise sous son aile, comme un grand frère. Elle était seule, perdue, apeurée, elle souffrait. Il était là, solide, compatissant, apaisant, bienveillant. Ils avaient rapidement sympathisé, tout comme avec Mona, cette boule d'énergie qui lui apportait quotidiennement les repas, ainsi que sa bonne humeur et sa gentillesse. Ils faisaient une sacrée belle équipe tous les trois ! Improbable, mais belle. Louise ne pouvait pas décliner l'invitation, elle serait à l'heure au Déclic. Les épreuves qu'elle avait traversées avec eux, grâce à eux, resteraient, à jamais, gravées dans son cœur. Elles ressurgirent tout à coup, se rappelant à elle avec force et intensité.

Les pompiers l'avaient ramassée sur le bord de la route dans un état critique. Un homme les avait appelés, il sortait d'un bar, et avait découvert sur le trottoir d'en face le corps inerte d'une jeune femme. Aucune explication, aucun témoin. La victime semblait avoir été percutée par une voiture. Le chauffard avait pris la fuite. Elle s'était réveillée trois jours plus tard, en réanimation, seule et sans le moindre souvenir, ni de l'accident ni de quoi que ce soit. Elle s'était retrouvée tel un petit animal sauvage retenu en captivité, ne comprenant pas ce qu'il lui arrive, terrorisé par ce qu'il va se passer. Puis des gens étaient venus, huit jours plus tard, ils avaient parcouru des centaines de kilomètres, lui avaient apporté une identité, une famille, un passé. Des gens, de toute évidence, animés de très bonnes intentions, mais pour elle des visages inconnus qui lui imposaient familiarité et intimité. Ils se disaient ses parents, ne voulaient rien de plus que l'aimer. Mais même cet amour lui semblait agressif, intrusif, il n'avait pas d'existence pour elle, ni dans son cœur ni dans sa tête. Rien n'existait d'ailleurs à cet endroit hormis le néant. Mais finalement, le néant l'angoissait beaucoup moins que les attentes de ces individus qu'elle se sentait incapable de combler. Ils semblaient tellement chamboulés, et elle était assurément à l'origine de leur tourment, pourtant tout ça ne lui appartenait pas. Elle se sentait séparée de tout ce qui l'entourait, elle se sentait séparée d'elle-même. Et puis, il était arrivé, il était le premier qui n'attendait rien d'elle, qui acceptait qu'elle ne soit personne et qui ne semblait pas trouver ça étrange. Il était gentil, il la faisait rire. Il soignait les blessures de son âme autant que celles de son corps. Depuis il avait toujours été là, il ne l'avait jamais lâchée. Leur relation, plus que singulière, s'était confirmée, renforcée, mais demeurait indéfinissable, et ce n'était un problème pour personne. De l'amitié, de la tendresse, de la complicité, de l'amour fraternel qu'ils s'autorisaient même à l'occasion à laisser glisser vers l'amour charnel. Pour un soir, une nuit, sans engagement, sans attente, sans autre but que partager et laisser parler leurs ressentis et leurs désirs. Il avait été un pilier dans la reconstruction de sa vie. À l'instar de Mona, un peu plus âgée qu'eux, qui faisait office de maman. Jouant à incarner la sagesse, elle était bien souvent la moins raisonnable des trois. Elle aimait la vie sous toutes ses formes, de toutes ses forces, et la croquait à pleines dents, refusant d'en laisser la moindre miette. Pourtant le destin s'était parfois révélé cruel et injuste avec elle. Mona avait perdu un enfant, la mort subite du nourrisson. Après des années d'essais, d'échec, d'attente, il était enfin arrivé, son petit miracle, son bébé. Mais à peine le temps de goûter son bonheur, qu'on le lui arrachait brutalement. Un soir, en tout point semblable aux précédents, elle avait couché Hugo dans son berceau, il paraissait en paix, il s'était endormi. Mais son fils ne s'était jamais réveillé, il avait rejoint les étoiles, il s'était envolé et une part de Mona l'avait accompagné. L'autre part, elle, demeurait debout, digne, dans la foi et l'amour.

Le message de Jérémy était clair, leur amie attendait un enfant. Pour rien au monde, Louise n'aurait manqué ce moment de joie à partager avec eux. Elle se leva d'un bond. Il n'était plus temps de traîner. Elle avait hâte de les retrouver.

4

Il avait gagné sa confiance. Il venait souvent l'attendre et la raccompagnait en fin de journée. Une certaine complicité était née entre eux, même si Adèle persistait à lui refuser son cœur.

— Laisse-moi juste t'aimer ! Tu n'as pas le droit de m'en empêcher ! Laisse-moi t'emmener pour une sortie, pour un dîner, pour toute la vie, au coin de la rue, ou à l'autre bout de la planète ! Où tu voudras ! On part tout de suite !

— Nous ne vivons pas dans le même monde, Matthieu. Ton avenir doré est tout tracé. Moi je viens d'un milieu plus que modeste, je travaille comme une forcenée pour gagner à peine de quoi vivre. Et je n'ai pas de temps pour la romance, j'ai des devoirs à accomplir, des promesses à tenir.

— Il n'existe pas plusieurs mondes ! Nous vivons bien dans le même. Ce qui nous éloigne ce n'est pas des mondes séparés, mais juste des concepts, des idées préconçues ! Imagine un instant qu'on puisse tout oublier. Que ni toi ni moi ne puissions nous souvenir de nos origines, de notre parcours, de notre histoire. Si notre tête était vide, se pourrait-il que notre cœur déborde ? Se pourrait-il qu'on s'aime ?

— Peut-être, répondit-elle timidement, essayant de contenir son émoi.

— Alors, oublions tout, dès maintenant, je t'en prie !

— Arrête, Matthieu ! Ça, c'est du rêve, ce n'est pas la réalité !

Adèle tremblait. Son émotion était palpable. Sa fragilité, touchante. Ses yeux s'embuèrent. D'un geste tendre et délicat, Matthieu écarta une mèche de cheveux venue griffer la joue rosée de la jeune femme. Son regard compatissant tout comme son sourire bienveillant invitaient Adèle à se libérer et confier ce qui pesait sur son cœur. Elle céda enfin. Pudiquement, d'une voix hésitante, elle entama un long monologue que Matthieu écouta avec une immense attention.

— La réalité, c'est que quand mon père nous a abandonnées, ma mère a perdu pied, et tout s'est très vite enchaîné. On s'est retrouvées à vivre dans une caravane sordide sur un terrain vague. On avait accès à un minimum d'électricité grâce à un vieux groupe électrogène. Par contre, pas d'alimentation en eau, et je peux te garantir que la saleté des lieux nous le rappelait tous les jours. Ma mère a sombré dans l'alcool, elle avait capitulé, elle ne voulait plus se battre. Toutes ses journées ne tournaient plus qu'autour de ses précieuses bouteilles. Elle pouvait passer plusieurs jours sans se lever de son canapé, couchée dans sa misère, respirant ses relents d'alcool et de vomi, puant le désespoir, et crachant sa colère. Les services sociaux l'ont prévenue à plusieurs reprises et ont fini par lui poser un ultimatum, soit elle redressait la situation rapidement : un logement décent, l'arrêt de la boisson, un emploi, soit on lui prenait ses enfants. Je ne sais même pas si elle a entendu leur menace, si elle s'en moquait ou si elle n'avait tout simplement plus assez de force pour réagir, le fait est que quand ils sont arrivés j'avais quitté les lieux. Je venais d'avoir dix-huit ans, j'avais trouvé cet emploi de serveuse et je logeais au foyer pour jeunes travailleurs de la ville. Ils ont emmené ma petite sœur, elle avait quinze ans. Je lui ai promis de faire de mon mieux, de trouver un appartement et de revenir la chercher. Ses parents l'avaient abandonnée, chacun à sa manière, sa sœur se devait d'être toujours là pour elle. Peu de temps après, on a retrouvé ma mère, sur son canapé, morte par étouffement ils ont dit, conséquence fréquente des comas éthyliques. Aujourd'hui j'ai enfin réussi à tenir mes engagements et ma sœur devrait bientôt pouvoir vivre avec moi. Mais les choses sont loin d'être faciles, et je n'ai vraiment pas de temps pour jouer à Cendrillon. Excuse-moi.

— Je suis vraiment désolé, souffla Matthieu bouleversé par les révélations de celle qui faisait battre son cœur. Laisse-nous une chance, ne nous condamne pas avant même d'avoir essayé. Je ne serai pas un poids pour toi, bien au contraire, je t'aiderai à porter tes fardeaux, tes responsabilités, tes chagrins, ton passé, tout sera plus léger, fais-moi confiance. Je t'aime, Adèle, déclara-t-il en serrant les mains de la jeune femme contre son torse.

Matthieu la fixait de ses immenses yeux turquoise. Elle se laissa emporter par ce regard aussi troublant qu'envoûtant, se laissa bercer par ses douces promesses et lui offrit le baiser si longtemps convoité.

§

Depuis six mois, la vie d'Adèle avait pris des allures de conte de fées. Elle vivait pleinement son histoire d'amour avec Matthieu, entre garde à l'hôpital, service du soir à la pizzeria, aller-retour entre l'appartement de l'un et de l'autre, et temps exclusivement consacré à Romane. Ils avaient fini par mettre en place un planning bien rodé, une organisation sans faille. La vie s'écoulait parfaite et délicieuse. Et si les relations n'étaient pas toujours des plus harmonieuses entre son amoureux et sa petite sœur, Adèle continuait de penser que ce n'était qu'une question de temps. Ils finiraient par s'apprivoiser, s'apprécier. Elle n'était pas inquiète. Juste une question de temps.

— Tu en dis quoi ? questionna Adèle, virevoltant dans une sublime robe à fleurs.

— Hmmm, maugréa Romane, sans seulement lever les yeux de son téléphone portable.

— Tu n'aimes pas, lâcha la jeune femme, déçue.

— Mais oui, la robe, ça va. Enfin… quand on aime les fleurs…

— Alors, c'est quoi qui va pas ? insista Adèle irritée.

— Mais rien ! C'est ton mec, là ! Je le sens pas !

— Nous y voilà ! Et je peux savoir pourquoi ?

— Je sais pas. Trop lisse, trop poli, trop beau, trop riche, trop gentil. Trop parfait pour être honnête, quoi ! Et puis il t'a complètement retourné le cerveau. Regarde-toi ! Des robes à fleurs ? Sérieux ?

— Tu n'es pas gentille, Romane ! J'ai pas le droit d'être heureuse, selon toi ? Je ne peux pas être aimée par quelqu'un de bien sans que cela te semble suspect ? Si c'était un loser qui me tape dessus, tu serais peut-être plus rassurée ? Tu penserais que tout est normal ? C'est vraiment pas sympa de ta part, rétorqua Adèle profondément attristée.

— C'est pas ça, excuse-moi. Mais c'est vrai, il débarque de nulle part, celui-là, et il s'incruste dans notre vie, il chamboule tout. Je le sens pas, c'est tout. Mais c'est bon, vas-y, t'es parfaite pour ton rendez-vous, une véritable petite épouse de médecin !

L'Autre

— Je t'aime p'tite sœur, et même si t'es loin d'être tendre avec moi, je serai toujours là pour toi. Mais j'aime aussi Matthieu, et je ne renoncerai pas à lui, simplement parce que « tu ne le sens pas ». Il va falloir t'y faire, Romane. Et si toi aussi tu m'aimes un petit peu, ça ne devrait pas être compliqué. À demain, ne m'attends pas ce soir, je ne sais pas si je rentrerai, je vais peut-être rester chez Matthieu, j'ai besoin d'air. Salut.

Le cœur serré, Adèle referma la porte derrière elle, laissant Romane face à elle-même, espérant qu'elle médite sur sa rudesse et son intolérance.

5

Le soleil filtrait à travers les rideaux bleutés de la chambre, venant illuminer le visage d'Adèle. Matthieu observait la jeune femme encore endormie. Il approcha délicatement sa main, désireux d'effleurer sa peau, de caresser ses cheveux, puis se ravisa. Tout était tellement parfait, il ne fallait rien toucher. Il aurait voulu arrêter le temps, figer cet instant à jamais.

— Bonjour ! murmura Adèle en ouvrant les yeux, qu'est-ce que tu fais ?

— Je profite, répondit Matthieu amoureusement, je te regarde, tu es tellement belle.

— Menteur ! plaisanta-t-elle en souriant, personne n'est beau au réveil ! C'est pour ça qu'on a inventé l'amour, pour que les gens ne s'enfuient pas au petit matin !

— Pff…

L'Autre

Matthieu leva les yeux au ciel en secouant la tête, puis déposa un baiser sur les lèvres de son amoureuse.

— Allez, je n'ai plus le temps d'écouter tes bêtises, je dois y aller. Je t'aime. On se voit ce soir ?

— Je sais pas. J'ai promis à Romane…

— Ah oui, Romane ! la coupa-t-il contrarié, j'ai failli oublier Romane ! Pourtant elle ne fait pas vraiment en sorte qu'on l'oublie…

— Matthieu !

— C'est bon ! Excuse-moi ! Bonne journée alors, et à… bah, à quand Romane voudra bien qu'on se voit !

— Tu n'es pas juste là ! Je ne t'ai jamais caché que je comptais m'occuper d'elle, tu l'avais accepté et aujourd'hui tu me le reproches !

— Désolé, je n'avais pas compris que s'occuper d'elle, c'était la couver vingt-quatre heures sur vingt-quatre. Elle peut, peut-être, survivre cinq minutes sans toi, non ? Je n'avais pas non plus pensé que ce serait jusqu'à la fin de ses jours, elle sera bientôt majeure, il va quand même falloir, à un moment donné, qu'elle fasse sa vie et qu'elle te laisse faire la tienne.

Matthieu sortit en claquant la porte. Il savait qu'il avait été dur. Trop dur. Et il le regrettait déjà. Il s'en voulait chaque fois qu'il s'emportait de la sorte, mais c'était plus fort que lui, malgré ses efforts, il n'arrivait pas à se contenir.

Adèle se leva avec difficulté. Ce n'était pas seulement la contrariété qui l'affaiblissait. Depuis quelques semaines déjà, elle se sentait épuisée, irritable, d'humeur instable, nauséeuse au réveil. Il allait bien falloir qu'elle accepte de regarder la réalité en face : elle était très certainement enceinte. Et si les relations qu'entretenaient Matthieu et Romane étaient des plus exécrables, et rendaient les choses plus compliquées qu'elles n'auraient dû l'être, il n'en restait pas moins que c'était une merveilleuse éventualité.

Elle se positionna de profil devant le miroir en pied de la chambre et tira sur son tee-shirt pour simuler un ventre proéminent. Ferait-elle une jolie future maman ? Elle se rassura immédiatement. Une future maman ne pouvait être que jolie ! Bien sûr, si elle avait eu le choix, elle aurait attendu un peu, qu'ils soient installés, que Romane soit prête. Mais Matthieu n'avait pas tout à fait tort, serait-elle prête un jour ? Accepterait-elle un jour que sa grande sœur fasse enfin sa vie ? Il était inutile pour l'heure de se poser toutes ces questions, elle n'était même pas sûre d'être enceinte. Et puis, elle aimait Matthieu de tout son cœur, elle aimait Romane au moins aussi fort, elle aimerait cet enfant peut-être plus encore. Alors, avec tant d'amour, que pouvait-il se produire de mal ? Ils se débrouilleraient, ils s'adapteraient, ils seraient heureux, tous ensemble.

Elle se précipita sous la douche, le cœur battant, et la tête pleine de beaux projets à réaliser. C'était décidé, elle s'arrêterait à la pharmacie, en partant pour la pizzeria, elle achèterait un test de grossesse, elle mettrait fin aux doutes et prendrait les choses en main. Si ce bébé avait choisi d'arriver maintenant, c'était forcément un très bon présage. Le bonheur s'était enfin décidé à toquer chez elle et elle comptait bien lui ouvrir grand les portes.

§

Elle attendait, fébrile, tournant en rond dans les toilettes de la pizzeria, que le trait révélateur apparaisse. Cinq minutes. Comment pouvait-on imposer un délai si long quand tant de choses dépendaient du résultat ? Quand une vie, des vies et leur destin étaient suspendus à un simple trait sur un boîtier plastique humidifié d'urine ? Inhumain !

Il se dessina enfin, clair, net, indiscutable. Un petit être était bien en train de faire sa place dans son ventre. Au plus profond d'elle-même, elle le savait déjà, elle l'avait senti, elle n'avait pas de doute. Mais les choses prenaient alors une tout autre dimension. Leur lien secret, leur intimité au sein de son corps, se révélait au grand jour. Le silence ouaté dans lequel cette existence prenait lentement forme en toute sécurité, en toute discrétion, se trouvait à présent exposé à la réalité, au monde. L'espace d'un instant, Adèle se sentit agressée par cette intrusion. Puis elle sourit se rappelant qu'il n'était d'autre but à la conception d'un enfant que l'offrir à la vie. Elle bouillonnait de l'intérieur, d'amour, de joie, d'élan. Elle avait envie de hurler son bonheur, de le partager avec la Terre entière. Une larme roula le long de sa joue, et vint mourir sur son sourire.

Adèle se ressaisit rapidement, la Terre entière devrait attendre. Pour l'heure, elle avait un service à assurer, et à peine quelques heures pour préparer, au mieux, l'annonce qu'elle comptait faire à Matthieu, le soir même. Non pas qu'elle doutât de la réaction du futur papa : elle était convaincue qu'il serait fou de joie. Mais elle savait aussi que, très vite, le sujet dévierait sur Romane, et que la discussion deviendrait alors plus que houleuse. Comme elle l'avait été le matin même. Comme elle l'était à chaque fois.

§

Vêtue d'une sublime robe blanche, assortie d'un long foulard vaporeux, Adèle attendait Matthieu sur le vaste balcon de son appartement. Il lui avait donné les clés de chez lui, dès le deuxième rendez-vous. Il n'espérait qu'une chose : qu'elle vienne vivre à ses côtés. Sur la petite table en fer forgé, elle avait disposé quelques amuse-bouche dans une jolie soucoupe dorée. Elle avait également servi deux verres, l'un de Chardonnay, le vin préféré de Matthieu, l'autre de jus de pomme. Pour les prochains mois, ce serait sa boisson de fête.

19 heures. À moins d'une urgence à l'hôpital, il ne tarderait plus à rentrer. Adèle était impatiente, bien qu'un peu stressée et anxieuse. Elle s'approcha du bord de la terrasse, posa ses mains sur le garde-corps et admira la vue, un instant. L'immeuble, parfaitement situé, offrait le privilège de profiter de la nature en pleine ville. En effet, ses immenses appartements traversants

donnaient, d'un côté, sur l'avenue principale, animée et bruyante, et de l'autre, sur un somptueux parc, calme et apaisant. Depuis la hauteur de ce cinquième étage, tout paraissait encore plus grand, plus beau, plus exceptionnel. Adèle soupira. Jamais elle n'aurait pu imaginer tout ça. Même dans ses rêves les plus insensés, les choses ne parvenaient pas à être aussi idylliques. Élever son enfant, avec l'homme qu'elle aimait, dans un décor paradisiaque. Qu'aurait-elle pu souhaiter de plus ?

— Bonsoir ! lança Matthieu, sortant Adèle de sa rêverie.

— Salut !

— Tu es magnifique ! Et tu nous as préparé une belle table. Je peux en déduire qu'on n'est plus fâchés ? demanda-t-il tout en prenant la jeune femme dans ses bras.

Adèle répondit par l'affirmative, d'un signe de tête.

— À quoi on trinque ? questionna-t-il, se saisissant du premier verre à sa portée. À nous ?

— Oui, confirma-t-elle. À nous, c'est bien !

Matthieu but une gorgée, puis grimaçant, reposa son breuvage :

— Il n'y avait rien de mieux dans les placards que du jus de pomme pour boire à nous deux ?

— En fait, tu as pris mon verre. Et je t'ai dit oui pour trinquer à nous, mais pas à nous deux ! avoua-t-elle d'un air malicieux.

Matthieu resta interdit, craignant de mal comprendre.

— Tu veux dire…

— Oui, le coupa-t-elle, des larmes dans les yeux.

— Mais tu en es absolument sûre ? C'est vrai ? Tu es enceinte ? Je vais être papa ? On va être trois ?

Matthieu n'en finissait plus de poser la même question de mille manières différentes. Comme pour se rassurer qu'aucune réponse ne pourrait venir reprendre son bonheur.

— Oui, oui, oui, oui ! s'exclama-t-elle en riant.

Il la souleva et la fit tournoyer, éperdu de joie et d'amour. Mais ce moment d'euphorie fut de courte durée, et comme Adèle le redoutait, la discussion prit rapidement une tournure beaucoup moins réjouissante.

— On transformera la chambre d'amis. On va lui faire le plus beau nid du monde à ce bébé ! On va être heureux, ici, tous les trois ! se réjouit le futur papa surexcité.

Adèle baissa la tête, le laissant, seul, énumérer ses projets.

— Qu'est-ce qu'il y a ? s'inquiéta-t-il en relevant de la main le menton de la jeune femme. Qu'est-ce qu'il t'arrive ? J'ai dit quelque chose de mal ?

— Non, rien. C'est juste que… ici… tous les trois. Tout à l'air déjà très clair pour toi. Pour moi, c'est moins évident. Je pense à Romane…

Matthieu sentit la colère monter en lui si rapidement et si intensément qu'il lui était impossible de la dissimuler.

— C'est une plaisanterie, j'espère ! Tu n'es pas sérieuse, Adèle ? Ne me dis pas que tu penses une seule seconde, que ta sœur va emménager avec nous ?

— Je sais pas…

— Stop ! Ça suffit ! Ça va un moment, les conneries ! Là, il est temps que tu te ressaisisses. Ta sœur a presque dix-huit ans, d'ici que le bébé arrive, elle aura largement atteint la majorité. C'est une adulte, ce n'est plus une enfant, et de toutes les manières, ce n'est pas TON enfant, tu ne peux pas lui consacrer ta vie. Il va falloir que, comme tu l'as fait avant elle, elle apprenne à se débrouiller. On pourra même l'aider, si tu veux, mais pas comme ça.

— Oui, bien sûr, l'aider. En se débarrassant d'elle ?

— Mais c'est pas vrai, hurla Matthieu excédé, mais réagis, merde ! J'en peux plus ! Tu veux que je te dise ? Oui, elle a besoin d'aide, ta sœur, et pas qu'un peu. Elle a besoin de l'aide d'un bon psy ! Elle est complètement perturbée. Elle est impulsive, agressive, dépressive, colérique, intolérante à la frustration, et je dois sûrement en oublier ! Mais c'est pas un HP ici, et ni toi ni moi ne sommes psychiatres ! Alors il est hors de question qu'elle vive sous le même toit que nous, et qui plus est, avec un bébé !

Adèle pleurait toutes les larmes de son corps. Elle était prête à exploser de chagrin, de colère, de souffrance. Même le plus bel événement de sa vie devait-il forcément tourner au drame ? Jamais elle ne pourrait accéder à la paix pour de bon ?

— Tu es horrible ! Tu n'as aucune idée de ce qu'elle a vécu, de ce qu'elle a dû subir. Tu serais peut-être bien plus perturbé qu'elle, aujourd'hui, à sa place.

— La même chose que toi ! Elle a vécu la même chose que toi ! Et tu t'en es très bien sortie, tu n'as eu besoin de personne !

— Ça n'a rien à voir. Elle était plus jeune, plus fragile…

Matthieu était hors de lui. Adèle, anéantie. La merveilleuse soirée qui aurait dû, pour le jeune couple, rester inoubliable venait de virer au cauchemar.

— Mais j'en peux plus de tout ça ! vociféra Matthieu qui ne parvenait pas à décolérer.

L'Autre

Les yeux noyés de larmes, Adèle observait le parc qui demeurait extrêmement calme et silencieux. Son long foulard flottait, léger et aérien. La brise qui s'était levée jouait à le mêler à ses grandes boucles rousses.

6

Louise se présenta au Déclic, pile à l'heure. Ses amis l'y attendaient déjà. Mona était resplendissante. Elle dégageait quelque chose que seuls les gens heureux peuvent dégager. Une beauté, une lumière, une aura, un je-ne-sais-quoi indéfinissable, mais tellement puissant et sublime. Louise la serra très fort dans ses bras :

— Alors, c'est vrai ce qu'on raconte ? Tu vas nous faire un petit bébé ? demanda Louise avec une infinie tendresse.

— Oui ! C'est bien vrai ! Je ne m'y attendais pas, ce n'était pas prévu, mais c'est tellement formidable !

Louise était sincèrement ravie pour son amie, mais elle était surtout admirative. Sa capacité au bonheur la fascinait. Comment pouvait-elle être aussi joyeuse, aussi profondément positive ? Comment pouvait-elle garder cette confiance indéfectible en la vie, en l'avenir, après ce qu'elle avait vécu ? Elle finit par poser, timidement, cette question qui lui brûlait les lèvres, directement à l'intéressée.

— L'oubli, certifia sobrement Mona.

Louise fut évidemment choquée par cette réponse aussi inacceptable qu'inattendue. Jaugeant la réaction de son amie Mona s'expliqua :

— L'oubli n'est pas quelque chose de mauvais ou malsain qui résulte de l'indifférence ou du manque d'amour. Ce n'est pas non plus une faiblesse, ou une défaillance de notre cerveau comme malheureusement tu le crois. L'oubli est bien souvent un acte délibéré et salvateur. Un choix, une décision active, un ingrédient indispensable au bonheur. Si je n'avais pas choisi d'oublier, je n'en serais pas là, aujourd'hui.

— Mais tu n'as pas pu oublier, Hugo, ton fils ! objecta Louise, qui sans vouloir heurter la maman endeuillée, souhaitait comprendre son raisonnement, sans toutefois y parvenir.

— Bien sûr que non ! L'oubli ne concerne que le passé. Hugo est mon fils et le restera à jamais. Je l'aime d'un amour incommensurable, et je l'aimerai éternellement. Rien n'appartient au passé dans tout ça. Tout est présent et à venir. Ce que j'ai choisi d'oublier, c'est ce qu'il s'est produit, ce qui est arrivé, le malheur, la souffrance. Les choses qui se sont de toute façon déjà produites et sur lesquelles je n'ai donc aucun pouvoir. J'ai choisi d'oublier que la vie peut nous poignarder, nous détruire en une seule seconde, qu'elle peut nous arracher un enfant, qu'elle peut être laide à faire peur. J'ai choisi de l'oublier parce qu'il ne sert à rien d'autre de se rappeler tout ça qu'à prolonger le mal et le maintenir en nous. Si je me souvenais, le chagrin m'étoufferait et la peur m'empêcherait d'accueillir ma grossesse. Elle m'empêcherait d'agir, de vivre, elle m'empêcherait d'aimer. Pourquoi je donnerais ce pouvoir au passé ? Pourquoi je lui donnerais quoi que ce soit ? Il m'a déjà bien assez pris. Et j'ai tout à offrir au présent.

Louise était fascinée par cette vision des choses. Elle qui pleurait ses souvenirs disparus. Elle qui pensait avoir perdu son identité en perdant la mémoire. Elle qui croyait qu'oublier était toujours une tragédie. Elle était admirative, mais se sentait bien incapable d'envisager son cas sous le même angle.

Mona interpella Jérémy, resté jusque-là silencieux :

— Et si tu allais nous commander une tournée générale de cocktails sans alcool ? Ça serait pas une bonne idée ? Ensuite, pour continuer cette soirée spéciale maternité, je vous raconterai les joies de la grossesse si vous voulez !

Mona se mit à rire et Jérémy s'exécuta. La discussion bifurqua ensuite sur les aléas de la vie d'une future maman. Dans une ambiance détendue et conviviale chacun y allait de sa plaisanterie sur les nausées, les hormones, les envies et pas seulement de fraises, les sautes d'humeur, les cocktails désespérément sans alcool, les crises de larmes.

Soudain Louise sembla partir dans ses pensées :

— Et les cauchemars ? lâcha-t-elle sans réfléchir.

La question semblait sortie de nulle part, comme si Louise elle-même n'avait pas réalisé l'avoir énoncé à haute voix. Le regard surpris de ses amis l'obligea à se ressaisir.

— Tu ne fais pas de cauchemars ? Il paraît que ça arrive… non… ? tenta-t-elle de se justifier.

— Non, pas de cauchemars ! Tu trouves que la liste n'est pas assez longue, tu cherches de nouveaux et sympathiques symptômes ? plaisanta Mona.

Louise paraissait gênée. Mona comprit instantanément que quelque chose perturbait son amie. Elle savait aussi que ce n'était ni le moment ni l'endroit pour insister et chercher à en savoir plus. Elle lui parlerait, seule à seule, quand Louise serait prête à se livrer.

§

Mona était passée à la boutique, prétextant une visite à sa grand-mère malade, elle venait acheter des fleurs. Louise n'était pas dupe, elle savait pertinemment que la seule grand-mère qu'il restait à son amie avait une santé de fer, et venait d'emménager sur la Côte d'Azur avec son nouveau compagnon. Elle apprécia, néanmoins, ce geste maladroit, mais touchant. Mona était une merveilleuse amie, mais une bien piètre menteuse. Le seul but de sa visite était de prendre des nouvelles de Louise et de lui laisser, sans la contraindre, la possibilité de parler, si elle le souhaitait.

Et en effet, elle le souhaitait. Elle avait besoin de se confier. Elles sortirent faire quelques pas, laissant Gérald gérer la clientèle. Louise ne mit pas longtemps à exposer la raison de son tourment. Comme s'il était devenu trop difficile pour elle de porter seule le poids de son secret. Elle expliqua à Mona que depuis plusieurs semaines déjà, elle était réveillée par d'horribles cauchemars, toujours les mêmes, plus ou moins. Elle se voyait mourir dans d'atroces souffrances. Ou plutôt, elle se sentait mourir. Et c'était sûrement pire. Elle n'avait finalement que très peu d'images, toutes sombres et trop floues. Par contre, elle ressentait de manière tellement réaliste, tellement nette, la douleur dans sa chair. Le déchirement des tissus, le supplice de l'os qui se brise, le cœur qui de s'être trop emballé, semble épuisé, à bout de force, à chaque battement qui s'éloigne un peu plus du précédent, le sang épais, collant, qui ne circule plus que pour quitter son corps et étouffer sa peau, le souffle qui devient si faible que les inspirations, pourtant si douloureuses, ne parviennent plus à retenir la vie, la tête qui tourne, la vue qui se trouble, l'endolorissement sournois des membres, le froid brûlant qui envahit tout le corps. Et puis le réveil. Essoufflée, en sueur, terrorisée, elle revenait enfin. Toujours au même moment, juste avant de mourir.

Mona était totalement effarée par le récit de la jeune femme :

— Mais c'est terrible ! Et ça dure depuis combien de temps ? demanda-t-elle, désolée.

— Je sais pas, trois, quatre semaines. Depuis que…

Louise s'arrêta. Elle hésitait, cherchait ses mots.

— Depuis que ?

— En fait, en t'écoutant, l'autre jour, parler de tes symptômes, j'ai réalisé que je n'osais pas admettre ce qui au fond de moi était une évidence. Je suis enceinte. Je le sais. Je le sens. Et les cauchemars ont commencé en même temps que cette grossesse.

— Enceinte ? Mais c'est merveilleux, s'exclama Mona tout excitée. C'est merveilleux, n'est-ce pas ?

— Je ne sais pas, bafouilla Louise un peu confuse, c'est juste une évidence. Je ne le conçois pas encore comme une petite personne à part entière, il est une partie de moi, celle qui me manquait. Comme si ce bébé était un fragment de mon identité, comme si je redevenais moi grâce à lui, comme s'il venait me dire qui je suis.

— Et tu penses que tes cauchemars pourraient être…

— Des bribes de souvenirs qui cherchent à remonter à la surface. Oui. Pourquoi pas ? Mon accident. Le moment où tout a basculé. Tu crois que c'est possible ? interrogea Louise.

— Aucune idée ! Je sais que les hormones nous jouent de sacrés tours, mais je ne sais pas si elles sont capables de faire ça ! Tu dois consulter un médecin. Tout d'abord pour confirmer ton état, mais aussi pour soumettre tes interrogations à un spécialiste qui t'éclairera mieux que moi. Tu peux peut-être retrouver la mémoire, et je sais à quel point c'est important pour toi. Ne laisse rien au hasard.

Mona avait raison, Louise devait consulter. Elle prendrait rendez-vous rapidement, elle se sentait déjà soulagée d'avoir parlé et était prête à accueillir toute l'aide qu'on pourrait lui apporter.

— Et si c'est pas trop indiscret, se risqua Mona, pour ce qui est du papa ? Tu n'as rien dit à son sujet, et je ne te connais pas de petit ami officiel…

— Tu nous connais trop bien pour ne pas t'en douter…

— Jérémy !

— Ce ne peut être que lui, mais je ne veux surtout rien lui imposer. Alors pour le moment, je te demanderai de garder ça pour toi, et de ne pas lui en parler.

7

Le docteur Bernier s'installa à son bureau, invitant Louise à prendre place face à lui :

— Vous êtes bien enceinte, mademoiselle Vernel, de douze semaines, annonça-t-il satisfait, je vais vous diriger vers le docteur Laborde pour votre suivi gynécologique, mais j'aurais voulu également vous proposer une entrevue avec un confrère pour que vous puissiez lui exposer le problème dont vous m'avez fait part. En effet, je ne suis pas en mesure de vous apporter les réponses que vous attendez. Le cerveau en général, et la mémoire en particulier sont des domaines bien complexes. Il arrive parfois qu'une grossesse puisse altérer un tant soit peu les souvenirs, mais le cas contraire est pour moi totalement inconnu, je préfère donc vous confier à des spécialistes. Cependant, il ne me semble pas impossible, vu le bouleversement que représente la maternité, tant sur le plan physique que psychologique, que cela puisse entraîner des réactions surprenantes de la part de l'inconscient. Pourquoi pas réveiller des souvenirs enfouis dans un cas d'amnésie comme le vôtre.

— Très bien, merci, souffla Louise timidement, mais je ne sais pas, je vais réfléchir, je contacterai le docteur Laborde, pour le reste, on verra…

— Comme vous voudrez ! Bien sûr, la priorité est de mener à bien cette grossesse, mais il serait dommage de ne pas explorer plus amplement les phénomènes qui vous préoccupent actuellement.

Louise remercia une énième fois le docteur Bernier, elle était pressée de quitter son cabinet. Elle réalisait que cette irruption dans son intimité la mettait mal à l'aise. Bien sûr elle souhaitait plus que tout recouvrer la mémoire, mais certainement pas l'exposer ou la partager avec des inconnus. Et elle acceptait encore moins qu'on puisse l'observer, l'étudier comme on le ferait avec une souris de laboratoire durant le processus. Non. Sa mémoire était une affaire personnelle, privée, elle la retrouverait à l'abri des regards, de la curiosité ou de l'intérêt scientifique.

§

Louise se réveilla en sursaut. En nage et le souffle court, elle se saisit du carnet qui dorénavant ne quittait plus sa table de nuit. Elle s'était mise en tête d'enregistrer chaque élément, que ses cauchemars lui livraient. Immédiatement, avant que quoi que ce soit ne puisse retomber dans l'oubli. Elle commençait à voir des images, furtives, imprécises, mais c'était un début. Elle était décidée à retracer le fil de sa vie. Elle prendrait le temps qu'il faudrait, mais elle y parviendrait. Un abribus, un réverbère cassé, une voiture blanche qui passe à côté d'elle et la dépasse, un bruit de moteur plus lointain. Des détails qui pouvaient paraître insignifiants, mais qui, pour elle, représentaient le début de son histoire retrouvée, qu'elle consignait scrupuleusement nuit après nuit, page après page.

Ses parents, qui avaient été emplis de joie à l'annonce de sa grossesse, cautionnaient beaucoup moins son obstination soudaine à rattraper le passé. Ils estimaient plus sage, dans son état, de s'atteler à retrouver un sommeil réparateur plutôt que la mémoire. Ils avaient essayé de la convaincre, la voyant, tous les jours, plus fatiguée que la veille, mais rien n'y faisait. Louise était déterminée.

Seule Mona, qui pourtant ne partageait pas son avis sur l'importance des souvenirs, la soutenait. Elle savait que c'était primordial pour Louise, et que tenter de la dissuader n'amènerait qu'à la braquer. Elle avait donc choisi de préserver leur lien et leur complicité, la meilleure manière selon elle de garder un œil sur ce qu'il se passait et de veiller sur son amie.

Louise attrapa son téléphone sans réfléchir et composa le numéro de Mona :

— Mais tu sais quelle heure il est ? maugréa la jeune femme à moitié endormie.

— Cinq heures ! concéda Louise en vérifiant sa montre. Pardon ! J'avais pas fait attention. J'ai de nouveaux éléments, Mona, j'avance, tu sais, je vais y arriver ! Je sais que c'est l'accident dans mes cauchemars, et je commence à voir ce qui se passe avant, avant que je me sente mourir. J'ai vu la rue, où c'est arrivé, je ne la connais pas, mais je l'ai vue. Et puis j'ai entendu une voiture derrière moi, quelque chose me choque, m'interpelle et je me retourne…

— Et ?

— Et pour le moment c'est tout. Je me réveille. Mais ça vient petit à petit, je sens bien que ça va venir. Je pourrai peut-être voir la voiture, savoir comment ça s'est passé.

— Oui, peut-être. Mais tu attends quoi, au juste ? Même si tu arrives à te rappeler les circonstances de l'accident, ça t'apportera quoi ?

— Je sais pas. Mais si j'ai tout oublié à ce moment-là, peut-être que me le rappeler déclenchera quelque chose. Peut-être que tout se débloquera d'un coup. Peut-être que ma mémoire reviendra comme elle a disparu. J'ai envie d'y croire, Mona. Tu comprends ?

— Oui, je te comprends ! Alors, note tout ça, et attendons le prochain épisode… Mais n'oublie pas de prendre soin de toi entre-temps et de ton petit bébé.

— Promis ! T'inquiète pas, on va bien. Et puis c'est aussi pour lui que je le fais. Je refuse que comme moi, il n'ait pas de passé. Je veux qu'il sache d'où il vient et qui il est.

— C'est avant tout d'un présent joyeux dont un enfant a besoin. Mais bon, on ne va pas y revenir…

— Non. On ne va pas y revenir. Et puis de toute façon, ce n'est pas comme si j'avais réellement le choix. Ils sont là, ces cauchemars, que je le veuille ou non, alors autant en faire quelque chose !

— Tu as sans doute raison.

§

Les nuits s'enchaînaient semblables aux précédentes. Chacune apportant un nouvel indice. Mais celle-ci avait été particulière. Celle-ci marquait un tournant. Louise avait réussi à terminer le puzzle. Elle avait reconstitué l'accident. Contrairement à ce qu'elle espérait, rien ne s'était déclenché, sa mémoire n'était pas revenue tout à coup, parfaite, intacte, grâce à ce souvenir. Mais c'était à cet instant le cadet de ses soucis, ce qu'elle venait de découvrir la paralysait d'angoisse.

Assise sur son lit, le regard dénué d'expression, elle rejouait le film dans sa tête sans parvenir à y croire vraiment. Comment était-ce possible ? Qu'avait-elle encore à découvrir ? Faisait-elle une erreur en réveillant un passé peut-être bien plus sombre qu'elle ne l'aurait imaginé ? Se mettait-elle en danger ? Mille questions, mille doutes la taraudaient pour une seule certitude : on avait cherché à la tuer. Ce n'était pas un accident.

8

Louise remuait nerveusement son chocolat chaud. Elle avait donné rendez-vous à Mona dans un petit café du centre-ville. Il fallait qu'elle lui raconte. La jeune femme arriva à sa hauteur, essoufflée de s'être trop pressée :

— Salut ! Que se passe-t-il ? Ton message m'a vraiment inquiétée, lança Mona en se laissant tomber sur une chaise. Ce n'était pas un accident ? Tu es sûre de ça ?

Louise fit signe au serveur. Ce dernier s'approcha pour prendre la commande de la nouvelle venue qui choisit, compte tenu de son état, de se contenter de la même boisson chaude que son amie, même si, à cet instant, un remontant un petit peu plus fort l'aurait davantage tentée.

— Oui, je suis absolument certaine, reprit Louise. J'ai tout revu, très clairement. Je m'en souviens. Je marchais le long du trottoir, j'étais énervée, en colère, j'ignore pour quelle raison. Une voiture blanche venait de me dépasser, mais le bruit du moteur, derrière moi, n'était pas normal, il était trop fort, il venait de s'amplifier d'un seul coup. Le conducteur accélérait démesurément, il n'y avait aucun doute. Je me suis retournée, le véhicule fonçait droit sur moi, je n'arrivais pas à réagir, je n'ai pas bougé. J'ai vu le conducteur, ses deux mains agrippaient le volant, il ne cherchait pas à dévier sa trajectoire, il me fixait de ses yeux haineux, déments. Des yeux d'un bleu turquoise, presque surnaturels. À sa gauche, sur le pare-brise, il y avait un dessin, un caducée, je crois. Et puis, plus rien, le choc. La douleur indicible. Et enfin le trou noir.

Le serveur réapparut et déposa sur la table une tasse fumante de chocolat au lait, à l'attention de Mona. Celle-ci s'en empara après avoir rapidement remercié le garçon et colla ses mains sur le récipient pour les réchauffer. Absorbée par l'incroyable histoire de son amie, elle enchaîna :

— Mais c'est complètement dingue ! On aurait vraiment cherché à te tuer ? Mais pourquoi ? Et si la voiture appartenait bien au détraqué qui la conduisait, ce serait un médecin ou un infirmier ? C'est à peine croyable ! C'est une histoire de fous ! Tu dois prévenir la police, Louise.

— Et je leur dirai quoi ? Bonjour ! Je suis amnésique, mais j'ai rêvé que le type qui m'a renversée y'a plus de trois ans, a les yeux bleus et travaille dans le domaine médical, et accessoirement que c'est certainement un psychopathe parce que son acte était intentionnel !

Désolée, mais je suis pas sûre du résultat ! ironisa Louise.

— Je sais pas, moi. Ils ouvriront une enquête, c'est leur boulot. Ils le retrouveront. Tu en as parlé à tes parents ?

— Non, à personne d'autre que toi. Je veux pas les inquiéter.

— Dis-le à Jérémy ! Dis tout à Jérémy, il est plus que temps. Il a le droit de savoir. Et puis ça me fait peur, moi, tout ça et je sais pas quoi te conseiller. Je savais qu'il fallait laisser le passé où il était. Il n'a jamais rien à nous apporter. Jamais ! s'énerva Mona totalement démunie.

— Je lui parlerai, mais pas tout de suite.

Louise était bien obligée d'admettre que sa découverte était inquiétante. Ce n'était pas exactement ce qu'elle avait espéré retrouver dans ses souvenirs. De plus, rien ne lui garantissait que cet assassin ne récidive pas. Et si cette fois il parvenait à ses fins ? Était-elle vraiment en danger ? Peut-être n'était-ce qu'un désaxé qui l'avait choisie au hasard. Ou bien, si cet individu lui en voulait vraiment personnellement, peut-être pensait-il l'avoir éliminée. Finalement, depuis trois ans, il ne s'était pas manifesté !

Elle commençait à douter, d'elle-même et de ses choix. Elle avait souhaité plus que tout retrouver un passé qui avait décidé de disparaître, elle avait peut-être ouvert la boîte de Pandore. Sa mère avait l'habitude de dire que la mémoire est comme un cadavre que l'on s'obstine à déterrer pensant qu'il a quelque chose à nous dire, quelque chose de nouveau à nous apprendre[1]. Il n'en est rien. Il est mort depuis longtemps. Il ignore tout d'aujourd'hui. Tous ses conseils étaient peut-être valables de son vivant. Mais à présent, tout a changé, nous avons changé, malgré tous ses efforts pour l'empêcher. Il cherche à nous tirer dans sa tombe, espérant ainsi ressusciter. Si on le laisse faire, il nous ensevelit, nous étouffe. Il nous fait croire qu'il est indispensable, se cache parfois derrière l'expérience. Mais qu'entend-il par expérience ? Refaire ce qu'on a déjà fait ? Faire exactement le contraire ? Dans les deux cas, ce n'est qu'une chaîne qui nous attache à lui, nous conditionne, et nous enlève la liberté de faire ce qui est juste, maintenant. Il prétend savoir qui l'on est, il sait tout juste qui l'on a été. Et parfois même, il se trompe. Les souvenirs ne sont pas fiables.

Quoi qu'il en soit, pour Louise, il était trop tard. Elle avait mis le doigt dans l'engrenage. Elle ne pouvait plus faire demi-tour, faire comme si elle ne savait pas, et laisser tout ça en suspens. Elle devait aller jusqu'au bout.

---

[1] Nassrine Reza « La mémoire, ce cadavre qui vous colle à la peau »

9

Le ventre de Louise s'arrondissait lentement. Il n'était plus question de le cacher, et elle avait dû se résoudre à parler à Jérémy. Comme elle s'y attendait, le jeune homme avait été parfait dans son nouveau rôle. Même si ni l'un ni l'autre n'avait la moindre intention de se mettre officiellement en couple, ils étaient tous les deux d'accord pour assumer ensemble ce bébé, et toujours œuvrer pour son bien-être. Il lui avait également assuré qu'elle pouvait compter sur lui pour son enquête et lui avait d'ailleurs fait promettre de ne pas mener seule ses investigations, de ne rien faire sans lui en parler, et plus que tout, il avait insisté pour qu'elle prenne soin d'elle et de cet enfant à venir. Elle avait promis. Pourtant les choses devenaient vraiment compliquées. Elle était épuisée, ne dormait presque plus. Harcelée par des images, des sensations plus sordides les unes que les autres. Elles n'envahissaient plus seulement ses nuits, mais venaient même la tourmenter en pleine journée. Un son, une odeur, une silhouette, tout était susceptible de déclencher un flash, une douleur.

§

— On s'occupe de vous, madame ? s'inquiéta Gérald en entrant dans la boutique.

Une jeune femme mince, aux longs cheveux roux, faisait les cent pas, en regardant sa montre.

— Non ! Pourtant, il y a un moment que j'attends ! grinça-t-elle, contrariée. Je viens récupérer une composition commandée ce matin.

Après avoir servi la cliente mécontente, et s'être excusé maintes fois, Gérald se dirigea vers l'arrière-boutique :

— Louise ! Tu n'avais pas vu qu'il y avait quelqu'un ? Je t'avais dit que je m'absentais dix minutes... Louise ?

Appuyée au mur, le teint livide, Louise peinait à retrouver son calme.

— Ça va ? Qu'est-ce qu'il t'arrive ? Dis-moi quelque chose ! supplia-t-il en se précipitant pour soutenir sa fille.

— Je sais pas. Je ne comprends pas. Lorsque je l'ai vu comme ça, de dos... je sais pas... j'ai ressenti comme un violent mal de tête, des vertiges... je croyais qu'elle était morte. Enfin, non. Je ne le croyais pas, je le savais, bafouilla-t-elle totalement confuse.

— Je comprends rien à ce que tu racontes ! Tu connais cette femme et tu la croyais morte, c'est ça ? interrogea Gérald, incrédule.

— Non, non, c'est pas ça, s'agaça Louise, je ne la connais pas… enfin oui, j'avais l'impression de la connaître, mais je savais qu'elle était morte.

— Bon OK, c'est pas grave, trancha Gérald, qui voyait bien qu'il était inutile, pour l'heure, de s'entêter plus longtemps. Ça va mieux maintenant ? Tu veux rentrer te reposer ?

— Ça va, t'inquiète pas. Je peux reprendre le travail. Je t'assure, tout va bien.

Gérald fit avaler un morceau de sucre à sa fille, au cas où une hypoglycémie serait en cause, et la laissa reprendre son activité. Mais il était inquiet et comptait bien reparler de cet étrange épisode avec Louise.

§

Depuis cet incident, Louise avait scrupuleusement évité de se retrouver en position d'interrogatoire face à son père, et plus encore face à sa mère, à qui, elle en était convaincue, Gérald avait dû tout raconter. Elle savait qu'ils se feraient du souci inutilement, qu'ils essaieraient pour la énième fois de la dissuader de remuer le passé et lui recommanderaient de se concentrer uniquement sur le présent, sur sa santé et celle du bébé. Elle ne leur en voulait pas, comprenait même leur attitude qui se voulait simplement protectrice, mais pour l'heure, ce n'était pas ce dont elle avait besoin. Elle voulait en finir avec toute cette histoire, recouvrer la mémoire, mettre à plat tous ses souvenirs, puis si nécessaire, tirer un trait dessus et aller de l'avant. Mais il fallait qu'elle sache pour pouvoir avancer. Ces interrogations et ces incertitudes étaient, sans aucun doute, plus lourdes à porter que n'importe quel passé. Et puis, dorénavant, elle pouvait compter sur le soutien de Mona et Jérémy, et grâce à eux, elle redoublait de courage.

§

— Et tu ne parviens jamais à voir son visage ? questionna Mona, intriguée.

Louise avait fini par révéler à ses amis l'objet de son mal-être. Et une fois de plus, ils avaient répondu présents pour la soutenir. C'étaient même eux qui avaient insisté pour qu'elle se confie, la voyant, jour après jour, plus perturbée, plus fatiguée, plus triste, mais continuant d'afficher une fausse joie de vivre, qui ne parvenait plus à tromper qui que ce soit.

— Non, ses cheveux roux dissimulent toujours son visage. Je la vois juste allongée au sol, inerte. Je sais que quelque chose de terrible s'est produit.

— Ce n'est peut-être même pas toi ! Finalement une fille mince, aux cheveux roux mi-longs, même si ça te décrit très bien, c'est aussi le cas pour des milliers d'autres filles ! Moi, je crois pas aux visions ou aux rêves prémonitoires !

Mona n'avait pas tort, mais personne n'était dupe, elle voulait surtout rassurer Louise sur la faible probabilité que ces cauchemars puissent lui annoncer une catastrophe.

— Je ne sais pas, j'ai une sensation bizarre quand je la vois, j'ai l'impression à la fois de ressentir sa douleur et de n'être qu'une simple spectatrice. C'est étrange et troublant… s'efforça d'expliquer Louise.

— Et cette image est toujours la même ? Elle reste figée ? Tu ne vois jamais ce qu'il se passe avant ou après ? reprit Mona se surprenant à jouer les enquêtrices.

— J'ai l'impression qu'au fil du temps, la séquence se prolonge et me livre chaque fois quelques secondes supplémentaires. Pour le moment, rien ne se situant avant, mais lentement, un halo rouge et visqueux apparaît sur le sol, il vient entourer la tête de la jeune femme. J'ai alors la certitude qu'elle est morte. Mais le plus inquiétant, c'est ce regard qui ne la quitte pas…

— Quel regard ? Il y a quelqu'un près d'elle ? demanda Jérémy.

— Je ne sais pas où il se trouve, je ne le vois pas. Mais je sens son regard turquoise posé sur elle. Le regard turquoise du conducteur qui a voulu me tuer. C'est le même. C'est le sien. Aucun doute. Alors je me dis qu'il n'existe que deux hypothèses : soit ces rêves sont prémonitoires, cette fille c'est bien moi et ce malade parviendra finalement à avoir ma peau…

— N'importe quoi ! l'interrompit Mona. Arrête avec ça, personne ne va s'en prendre à toi. Ça n'existe pas les prémonitions. De toute façon, je vous avais dit qu'il fallait prévenir la police, s'embrouilla-t-elle, folle d'inquiétude.

— Laisse-moi finir, s'il te plaît. Soit c'est un psychopathe, genre tueur en série ou je ne sais quoi, qui s'en prend aux rousses, et cette fille est l'une de ses victimes qui a eu moins de chance que moi. J'ai beau chercher, je vois pas d'autres explications possibles.

— Soit c'est un cauchemar ! Un simple putain de cauchemar totalement indépendant de la réalité et qui n'a d'autre vocation que de foutre une peur bleue à tout le monde ! s'obstina Mona.

— Non. Je t'assure que c'est la réalité. Je le sens. Passée ou future, je l'ignore, mais c'est la réalité. Je ne me trompe pas, affirma Louise, désolée.

— Et si tout ça avait un lien avec ta disparition ? réfléchit Jérémy, à voix haute.

— Tu penses à quoi, au juste ? demanda Mona, piquée par la curiosité.

— Je ne sais pas, tout est envisageable. Mais c'est vrai que tu cumules quand même dans ta vie, des événements qui n'arrivent pas à tout le monde ! Une disparition à l'âge de huit ans qui a duré plus d'une décennie, une amnésie, une tentative de meurtre. Les trois quarts de la population ne seront jamais confrontés à un seul de ces événements, alors je me dis que soit tu es trois fois plus malchanceuse que la plupart des êtres humains, soit tout est lié ! Et je ne crois pas à la chance !

— Il a raison, enchaîna Mona. Peut-être que tu as été enlevée et retenue prisonnière pendant des années. Un jour tu as réussi à t'échapper, et quand ton ravisseur t'a retrouvée il a voulu t'éliminer pour t'empêcher de parler ! Pourquoi pas ? C'est possible ! exposa-t-elle, plutôt satisfaite de son argumentation.

— Mais arrêtez ! On se croirait dans une mauvaise série policière ! Vos théories ne tiennent pas la route une seconde. Pourquoi me tuer plutôt que de m'enfermer de nouveau ? Et à l'inverse pourquoi ne pas m'avoir tuée avant que je ne m'échappe ? Douze ans, quand même, ce ne sont pas les occasions de m'éliminer qui auraient manqué, si tel était le but final !

— Désolée, mais avec un enlèvement et une tentative de meurtre on est plus près de la série policière que du feel good, se défendit Mona, un peu vexée.

— Ne le prends pas mal, excuse-moi ! Mais ça colle pas, ça ne me parle pas. Et puis le type aux yeux turquoise semble trop jeune. Je ne sais pas quel âge il peut avoir, mais difficilement plus de dix ans de plus que moi, à mon avis.

— C'est pas impossible. Il avait alors dix-huit ans quand tu as disparu. C'est jeune, mais c'est pas impossible, souligna Jérémy.

— C'est peut-être pas impossible, mais ce n'est pas du tout ce que je ressens…

10

La brise continuait de faire danser le long foulard dans les airs, laissant sur son passage de subtils effluves de rose et de lilas. Les arbres majestueux se laissaient, eux aussi, bercer, silencieusement, au rythme de ce souffle frais et léger, comme si, de par leur placidité et leur quiétude, ils tentaient d'atténuer l'horreur de la situation et d'apaiser le vacarme du malheur.

Le parc, d'ordinaire si paisible, fourmillait de pompiers et de policiers. Les badauds étaient tenus à l'écart. Une zone avait été délimitée, impossible à franchir. Elle permettait de préserver les indices éventuels. Mais personne, au fond, ne souhaitait approcher davantage. Personne ne voulait rendre l'incroyable, réel. Les habitants de l'immeuble regroupés à l'extérieur chuchotaient des « Oh, mon Dieu ! », « Ce n'est pas possible ! » et avaient vraiment envie de le croire. Certains observaient depuis leur terrasse, d'autres avaient fermé leurs rideaux, cherchant à échapper à l'insoutenable vision.

L'Autre

Une jeune femme gisait au sol, inerte. Sa longue robe blanche faisait paraître beaucoup plus rouge encore, le sang dans lequel elle baignait. Sa chevelure rousse recouvrait son visage. La mort avait eu la pudeur de le protéger des regards. L'état de son corps désarticulé, brisé, ne laissait aucune place au doute : elle était tombée d'un balcon. Suicide, accident ou meurtre, rien à cet instant ne pouvait le dire.

Il était à peine un peu plus de minuit quand les pompiers étaient arrivés sur les lieux du drame. Alertés par une locataire, qui cherchant son chat, avait aperçu, dans la pénombre, la silhouette immobile allongée sur le sol. Rapidement, la police avait également été dépêchée sur place, demandant à chacun de rester disponible pour répondre à leurs questions. Les premiers témoignages avaient permis d'établir que la victime était sans aucun doute la petite amie du docteur vivant au cinquième étage. La voisine l'avait vue arriver en fin d'après-midi. Une jolie jeune femme rousse, mince et élancée, dans une sublime robe immaculée, ne pouvait pas passer inaperçue. C'était un effet de la promiscuité, un travers récurrent de l'être humain : il était, bien souvent, plus attentif à ce qu'il se passait chez les autres que sous son propre toit. Et si cette attitude, largement répandue, était d'ordinaire pour le moins discutable, elle se révélait être d'une aide précieuse pour les enquêteurs dans pareilles situations. Ils recueillirent rapidement nombre d'informations, sans aucune importance pour les unes, dignes d'intérêt pour les autres. Il leur incomberait de faire le tri plus tard, pour l'heure, l'une d'entre elles les interpellait particulièrement et ils ne tarderaient pas à la vérifier. Le docteur ne fermait que très rarement sa porte à clé lorsqu'il était chez lui. Le docteur. Le principal intéressé dans cette affaire et pourtant le grand absent parmi les témoins. Les enquêteurs se présentèrent à son domicile. Personne. La porte n'était effectivement pas verrouillée, et l'appartement était vide. Ils investirent les lieux, avec méthode, soucieux de préserver le moindre indice. L'homme était finalement arrivé, une demi-heure plus tard, visiblement choqué de trouver son appartement occupé par une horde d'inconnus en uniforme. Il n'avait pas semblé comprendre ce qu'il se passait, n'avait pas réagi davantage lorsqu'ils lui avaient annoncé la raison de leur présence. Il était resté immobile, ses yeux turquoise devenus quasiment transparents et inexpressifs.

§

Ils l'interrogèrent pendant ce qui sembla durer des heures. Posant encore et toujours les mêmes questions auxquelles ils recevaient les mêmes réponses. Matthieu répétait d'une voix monocorde tel un automate le déroulement de cette funeste soirée. Il ne laissait paraître aucune émotion. Son corps était bien présent, mais il semblait totalement vide. Son esprit ne l'habitait plus. Les enquêteurs n'avaient pas encore pu déterminer si cet homme était une sorte de sociopathe froid et dépourvu de sentiments humains, ce qui vu sa fonction, était pour le moins effrayant, ou si son traumatisme et sa douleur étaient tellement intenses, qu'il ne parvenait pas à réagir, comme s'il était en train de se laisser mourir de l'intérieur, à petit feu, sans la moindre résistance.

— Et vous êtes sorti faire un tour, comme ça, tout à coup ? En laissant votre petite amie seule, chez vous, les verres à moitié pleins, et les petits fours à peine entamés ? Une urgence, peut-être ? s'obstinait le policier.

— J'avais besoin de prendre l'air. Je vous l'ai déjà dit.

— Prendre l'air, oui ! Tu m'étonnes ! Et se calmer un peu avant de rejouer le rôle du gentil docteur irréprochable ! Sauf que des voisins vous ont entendus hurler. Vous vous êtes disputé très sérieusement avec votre compagne. Après ça, vous partez « prendre l'air » et on la retrouve morte. Troublant, non ?

Le policier qui interrogeait Matthieu semblait suivre à la lettre le script d'une mauvaise série télé. Ce personnage long et maigrelet, au teint blafard et aux traits irréguliers, arpentait la pièce de long en large. Mains jointes derrière le dos, air grave, regard noir et haussement de ton aux moments les plus inattendus, il espérait certainement se donner une certaine importance et faire avouer rapidement celui qui, pour lui, représentait le coupable idéal.

— Vous croyez quoi ? Que je l'ai jetée par-dessus le balcon ? demanda Matthieu d'une voix blanche.

— Pourquoi pas ? Ce n'était peut-être pas prémédité, mais sous le coup de la colère, on a parfois des gestes fous, impossibles à contrôler. Ou vous avez peut-être voulu seulement la secouer un peu pour qu'elle comprenne, vous l'avez bousculée, elle est tombée. C'était peut-être un accident. Dans tous les cas, je vous garantis qu'il vaut mieux parler de suite.

— Jamais je n'aurais pu lui faire de mal, répétait Matthieu sans aucune variation de ton.

— Vous voulez me dire qu'elle s'est suicidée, c'est ça ? C'est ce que vous cherchez à nous faire penser ?

— Je ne cherche rien du tout. Je me fous de ce que vous pensez, je me fous de ce qu'il va arriver. Pour moi, tout s'est terminé ce soir. Mais un suicide ? Certainement pas ! On allait avoir un bébé !

— Ah ! brailla le policier comme s'il venait de découvrir le pot aux roses. Elle vous a fait un enfant dans le dos, et vous n'en vouliez pas…

— Arrêtez, mais arrêtez maintenant, c'est ridicule ! hurla Matthieu, se levant d'un geste brusque et faisant voler sa chaise.

Cet accès de colère, aussi soudain que violent, ne devait pas jouer en sa faveur.

§

Armelle, enquêtrice chevronnée, avait accepté la lourde tâche d'annoncer le malheur à la sœur de la victime. Elle roulait en direction de leur domicile, sous une pluie battante, accompagnée d'une jeune recrue qui se serait bien passée de cet apprentissage difficile.

— C'est horrible, d'être celui qui apporte aux familles la pire nouvelle de leur vie. On se sent presque responsable. On va les détruire, et on ne peut rien contre ça. On est totalement impuissant. Je ne sais pas si je pourrai m'y habituer, un jour.

— Tu ne le pourras pas. Personne ne le peut, confirma Armelle sans quitter la route des yeux. Pour s'y habituer, il faudrait devenir insensible, perdre une part de notre humanité, de notre compassion, et c'est justement la seule chose que nous pouvons leur offrir à ce moment-là. Quand la douleur des autres ne te touche plus, tu n'as rien gagné, tu as perdu quelque chose. Quelque chose d'essentiel. Ne t'attends pas à t'habituer et à ne plus ressentir cette boule dans ton ventre, essaie de l'accepter pour donner le meilleur de toi-même, mais en tant qu'être humain, imparfait et vulnérable.

Armelle stoppa la voiture au pied d'un petit immeuble, et sans dire un mot, les policiers se dirigèrent vers l'appartement des deux sœurs. Une jeune fille leur ouvrit la porte, inquiète de se retrouver face à deux uniformes. Sa ressemblance avec la victime intensifia leur émotion. Le cri qu'elle poussa lorsque Armelle lui annonça la terrible nouvelle leur déchira le cœur. Ils l'accompagnèrent à l'intérieur, l'invitèrent à s'asseoir, craignant que ses jambes ne la trahissent. Tremblante, elle prit son visage dans ses mains et se mit à pleurer comme l'enfant qu'elle était encore. La jeune recrue posa sa main sur l'épaule de Romane. Armelle avait raison, face au chagrin, il ne restait que la compassion à offrir.

L'enquêtrice attendit patiemment que la jeune fille reprenne ses esprits, puis se risqua à demander :

— Je peux vous poser quelques questions ?

Entre deux sanglots, elle répondit positivement.

— Vous connaissez bien le docteur Rolland ?

— Bien, non. Je le connais. Adèle me l'a présenté. Mais c'est tout, j'ai dû le voir deux ou trois fois. Il me plaisait pas beaucoup, jeta Romane sans détour.

— Comment ça ? Il y avait un problème ?

— Non, rien de particulier. Simplement je le sentais pas.

— Et votre sœur, elle s'entendait bien avec lui ? Elle vous semblait heureuse ? insista Armelle.

— Oui. Peut-être même un peu trop. Elle était folle de lui. Je suis sûre qu'il aurait pu lui faire

faire ce qu'il voulait, il lui avait complètement tourné la tête. Elle ne voyait plus que par lui, précisa Romane, la voix chargée de rancœur.

— Et lui ? Il semblait amoureux ?

— Oui. Et un peu trop aussi. Il en faisait des tonnes. Trop pour être honnête. J'ai toujours douté de sa sincérité.

Armelle marqua un temps d'arrêt ne sachant s'il existait vraiment une bonne manière d'amener la question qu'elle s'apprêtait à poser. Elle choisit, finalement, comme elle le faisait toujours au bout du compte, la méthode la plus franche et directe.

— Vous étiez au courant que votre sœur attendait un bébé ?

Romane écarquilla de grands yeux de surprise, mais aussi de colère :

— Non ! Non, je ne le savais pas ! Mais c'est pas possible, elle me l'aurait dit !

— Calmez-vous ! Rien n'est encore sûr. Nous devons vérifier. Je peux vous demander où vous étiez entre 20 heures et 3 heures du matin ? Nous avons consulté les appels sur le téléphone de votre sœur. Vous avez tenté de la joindre à de nombreuses reprises.

— Oui, j'étais ici. Elle me prévenait toujours si elle prévoyait de rentrer tard ou de ne pas rentrer du tout. Là, elle ne m'avait rien dit, je m'inquiétais.

— Et vous l'avez vue quand pour la dernière fois ?

— Ben, réfléchit Romane, avant-hier. Elle avait dormi chez lui la nuit précédente.

— OK, merci. Il faut que je vous dise aussi… conclut Armelle, avec compassion. Vous n'avez pas d'autre famille, je crois. Nous allons donc être obligés de prévenir les services sociaux, vous n'êtes pas majeure, on ne peut pas vous laisser seule, livrée à vous-même.

— Oui, je sais, soupira Romane. J'ai l'habitude…

11

Marie était terriblement inquiète pour sa fille. Le bébé ne tarderait plus à arriver, et Louise s'épuisait à se débattre avec ses souvenirs enfouis. Ils étaient en train de perturber la vie tranquille et paisible que la famille avait mis tant de temps à retrouver. Ils détruisaient leur bonheur, petit à petit, jour après jour, insidieusement, irrémédiablement. Ils transformaient Louise en une jeune femme triste, angoissée, suspicieuse. L'idée d'être totalement impuissante alors que son monde était peut-être à nouveau sur le point de s'écrouler était insupportable pour Marie. Elle suppliait sa fille de mettre un terme à cette quête empoisonnée.

— On n'était pas heureux, Louise ? On n'avait besoin de rien de plus. Pourquoi déterrer un passé qui n'a rien de bon, rien de beau à nous apporter ?

— Parce que c'est le mien ! Parce qu'il existe, qu'on le veuille ou non ! se justifia Louise.

— Non, il n'existe pas ! Il n'a aucune existence au présent, il n'est pas réel. Il n'est que l'accumulation d'images, de pensées mille fois transformées dans notre tête au gré du temps qui passe. On ne peut pas se fier davantage au passé qu'au futur. Seul le présent est vrai. Et il était enfin parfait avant que des images morbides n'envahissent ton esprit.

— Parfait ? À vingt ans, je ne sais pas dire si je prends du sucre dans mon café. Je suis obligée de goûter chaque chose comme si c'était la première fois. Sentir chaque parfum pour savoir si je l'apprécie. Je ne sais pas non plus si j'ai déjà pris l'avion, ou si j'en ai une peur panique, si j'ai été amoureuse, si j'ai été malheureuse. Je ne sais pas davantage si j'ai déjà menti, trahi, blessé quelqu'un, si j'ai des ennemis, si j'ai fait de belles choses. Si je suis quelqu'un de bien. J'ignore tout de moi.

Louise paraissait réellement ébranlée. Sa mère lui prit les mains avec tendresse :

— Mais tout est là, sous tes yeux. Tu es celle que tu es aujourd'hui. Une jeune femme sensible, intelligente, pétillante. Oui, tu es quelqu'un de bien. Et ce n'est pas le passé qui peut te donner une réponse différente. Il n'est plus là, il ne te connaît pas, il ne te voit pas comme je te vois.

— Mais ce qu'il me montre est terrible et j'ai besoin de comprendre.

— Bien sûr que c'est terrible ! On t'a enlevée à ta famille ! Les douze années passées loin de nous ne peuvent être qu'horribles ! Tu avais huit ans, Louise ! C'est une bénédiction d'avoir pu oublier tout ça, ne ravive pas ces souvenirs. Je t'en prie, supplia Marie.

— Ne sois pas si inquiète, maman, fais-moi confiance. Je saurai prendre les bonnes décisions. Mais je ne peux pas fermer les yeux sur ce que je sais, maintenant. Je dois reconstituer toute l'histoire.

Louise essayait, en vain, de convaincre sa mère. Elle lui décrivait, avec la plus grande justesse, les douleurs qu'elle ressentait dans son corps. Lorsque la voiture l'avait percutée, lorsque la jeune femme gisait au sol. Les souffrances qu'elle ressentait dans sa chair étaient bien présentes, aujourd'hui. Elle ne pouvait les ignorer. Pour une raison inconnue, le passé avait décidé de ne plus rester en retrait. Il voulait qu'on l'écoute, qu'on le reconnaisse. Comme s'il refusait qu'on le dénigre plus longtemps. Comme si la mort avait des comptes à régler, avant de laisser place à la vie. C'est comme ça que Louise l'interprétait : elle était persuadée que sa grossesse était à l'origine de ses visions. Elle ne savait pas expliquer pourquoi, mais c'était clair pour elle, elle devait accepter le passé pour avoir le droit d'envisager l'avenir. Et il devenait de plus en plus exigeant, pressant. De nouvelles visions la tourmentaient, de nouvelles souffrances la torturaient. Sa main gauche la faisait régulièrement souffrir. Une douleur intense, véritable. Sa cicatrice lui racontait son histoire. Elle ressentait le verre pénétrer sa chair brusquement, le sang couler le long de ses doigts, lentement, le cri de détresse qui coincé dans sa gorge semblait l'étouffer, les jambes qui faiblissaient. Mais plus que tout encore elle éprouvait le désarroi et la colère, le sentiment d'injustice de celui que l'on blesse. Car cette fois encore, c'était une agression. Quelqu'un la blessait volontairement. On lui avait enfoncé ce tesson dans la main pour lui faire mal. Était-ce le même homme aux yeux turquoise ? Impossible de savoir. Elle ne voyait pas son visage. Était-ce une autre personne qui lui en voulait aussi ? Mais alors combien étaient-ils à souhaiter la voir souffrir ? Et qu'avait-elle bien pu faire pour mériter ça ?

Marie refusait d'admettre que sa fille puisse se poser de telles questions :

— C'est toi qui as souffert ! Même ce satané passé te le dit. Et tu te demandes comment tu as pu mériter ça ? Mais tu n'as pas pu ! Un enfant ne peut pas mériter de souffrir ! Et tu n'étais qu'une enfant ! Des gens t'ont fait du mal, et je voudrais moi aussi qu'ils soient punis pour ça, mais si ça implique que tu revives tout, que tu souffres à nouveau, alors je choisirais l'oubli, et je les laisserais avec leur conscience pour seul bourreau. Ils ne peuvent plus t'atteindre aujourd'hui, la vie a gagné. Tu vas mettre au monde un petit bébé. Tu vas vivre. Tu vas être heureuse. Tu as gagné.

Louise savait qu'elle ne pourrait pas répondre aux espoirs de sa mère en abandonnant ses recherches. Mais elle était touchée par le profond malaise de celle-ci. Elle la prit dans ses bras et toutes deux laissèrent couler des larmes de désespoir, de peur, mais plus que tout, d'amour.

12

Deux ans avaient passé depuis la mort d'Adèle. Le temps aurait dû faire son œuvre comme on l'espère souvent. Mais il n'avait rien fait. Il n'avait rien changé. Tout était intact. Le chagrin, le chaos, l'incompréhension, mais aussi le mystère autour de cet événement tragique. Armelle avait depuis pris sa retraite, et cette enquête non résolue lui avait laissé un goût amer. Sa dernière enquête, un échec. Elle avait l'impression que dans toute cette histoire il n'y avait que des victimes. Mais une intuition tenace lui disait également qu'elle était passée à côté de quelque chose. Elle n'avait jamais cru au suicide. Pour elle il était inconcevable qu'une femme enceinte mette fin à ses jours. Question d'instinct maternel. Mais peut-être n'était-ce que le sien qui s'exprimait. Il ne restait alors que deux hypothèses : l'accident ou le meurtre. Armelle avait eu envie de croire à l'accident, même si rien n'était venu étayer cette théorie. La jeune femme aurait pu chercher à attraper quelque chose, se pencher dangereusement, avoir un malaise, tomber seule de ce balcon. Mais aucun indice dans ce sens. Aucun indice du tout. Car rien ne permettait non plus d'affirmer que quelqu'un l'aurait poussée, intentionnellement ou non. Pas de trace de lutte. Rien. Bien sûr, le principal suspect, son fiancé avec qui elle avait eu une altercation, n'avait pas été ménagé. Les policiers avaient passé au crible les moindres détails de la soirée, les moindres détails de leur vie, de leur relation. Rien n'avait pu permettre de prouver sa culpabilité, son implication de quelque manière que ce soit. D'ailleurs, il ne s'était jamais remis de cette épreuve. Même s'il n'avait pas été réellement inquiété, faute de preuves, les soupçons qui avaient pesé sur lui l'avaient anéanti. Les regards suspicieux lui étaient insupportables, comment pouvait-il retrouver la confiance de ses patients après de telles accusations ? Comment pouvait-il retrouver son honneur ? L'absence d'Adèle lui était insupportable. Sa vie tout entière lui était insupportable. Il avait sombré progressivement dans une grave dépression, dont il ne devait plus jamais sortir. Était-elle réellement due à la seule perte de son amour, à celle de son statut, ou à la culpabilité d'un acte criminel dont il devrait à jamais porter le poids du secret ? Dans tous les cas la vie de cet homme avait été brisée.

Romane, de son côté, avait quitté le foyer dans lequel elle avait été placée. Le jour de ses dix-huit ans, elle était partie. Seule, sans nulle part où aller. Mais pour elle, rien ne pouvait être pire que ces « prisons pour enfants » qu'elle n'avait que trop bien connues. Elle était à la rue, Armelle l'avait aperçue, les premiers temps, faire la manche sur un coin de trottoir. Elle avait voulu lui parler, sans trop savoir ce qu'elle lui aurait dit. Mais chaque fois, la jeune femme s'était enfuie. Elle avait fini par disparaître, peut-être avait-elle changé de quartier, de ville, ou d'apparence. Quoi qu'il en soit, l'enquêtrice ne l'avait jamais revue.

Une sale affaire. Trop de victimes, pas de coupable. Et puis ce détail qui continuait de trotter dans sa tête. La porte qui n'était pas verrouillée. Le docteur Rolland avait expliqué qu'il oubliait régulièrement de la fermer. À vivre dans un quartier trop tranquille, on en oublie d'être vigilant. N'importe qui aurait pu entrer. Un cambrioleur qui perd le contrôle, un ennemi d'Adèle dont elle aurait caché l'existence à ses proches. Tellement de possibilités, si peu de preuves. Une sale affaire.

Ensuite, il y avait eu cet appel à témoins. Le visage de la jeune amnésique l'avait interpellée. Même si elle avait, depuis le temps, quelque peu oublié les traits de Romane, c'est à elle qu'elle avait pensé instantanément. Elle n'était pas sûre qu'elle lui ressemble vraiment, juste une impression. Elle avait changé. Elle avait maigri. Son regard non plus n'était pas le même, plus doux peut-être. Son expression était différente pourtant Armelle avait quand même appelé ses anciens collègues. La jeune recrue qui l'accompagnait à l'époque avait pris du galon. Il lui avait répondu qu'il était si mal à l'aise ce jour-là qu'il lui était impossible de se rappeler la gamine, il avait passé le plus clair de son temps la tête baissée, à fixer ses chaussures. Mais de toute façon, le mystère qui entourait l'identité de la victime avait été levé, sa famille était venue la chercher. Elle s'appelait Louise Vernel. Aucun rapport avec la gosse sans famille de l'époque.

Armelle n'avait pas insisté. Tout cela n'avait finalement pas beaucoup d'importance. La seule chose qui en avait c'était de rendre justice à Adèle, et elle n'y était pas parvenue. Elle garderait en elle sa déception, ses regrets et ce désagréable goût d'inachevé.

13

Louise et Jérémy roulaient en direction de l'hôpital. Une joie palpable flottait dans la voiture. Pour un temps, ils avaient laissé de côté les soucis, le passé, pour n'apprécier que la légèreté et l'insouciance de l'instant. Mona venait d'accoucher. Tout s'était très bien déroulé. Elle était en pleine forme et avait mis au monde un magnifique petit bonhomme. Le papa était bien sûr déjà sur place. Mona avait réussi. Elle était allée provoquer sa chance, créer son bonheur. Elle avait construit la jolie famille dont elle rêvait. Pour Louise, elle était un formidable exemple, elle incarnait ses dires. Elle savait utiliser l'oubli, au lieu de le subir. Faire appel à lui, pour continuer d'avancer et ne pas rester tétanisée par la peur et le chagrin. C'est à son cœur qu'elle avait confié ses souvenirs, plus à sa tête. Et ça faisait toute la différence. Son cœur était assez grand pour aimer deux petits garçons. Il était assez fort pour aimer la vie, lui faire confiance malgré les épreuves. Sa tête, elle, s'y serait refusée.

L'Autre

Ils entrèrent dans la chambre et Louise fut incapable de retenir ses larmes. Elle embrassa son amie avant de se pencher délicatement sur le nouveau-né endormi. N'osant pas le toucher, elle se contenta de l'admirer, écoutant sa respiration régulière qui témoignait d'un sommeil profond et paisible.

— Tu vois le bonheur qui t'attend, ma belle ? lui murmura Mona aussi émue que son amie.

Louise porta instinctivement sa main sur son ventre arrondi par sept mois de grossesse, et le caressa délicatement.

— Oui, répondit-elle timidement.

Jérémy qui n'était pas très à l'aise avec les démonstrations sentimentales se tourna vers le papa :

— Et comment s'appelle ce futur bourreau des cœurs ? demanda-t-il dans l'espoir de ramener un peu de légèreté dans leurs échanges.

— Maël, c'est Mona qui a choisi.

— Ben voyons, un beau gosse avec un prénom de rêve ! Après on tentera de nous expliquer qu'on a tous les mêmes chances au départ ! C'est pas vrai ! Y'en a quand même qui partent avec un sacré avantage dans la vie ! s'amusa Jérémy.

Tout le monde rit et plaisanta autour de cette remarque, pourtant Louise paraissait absente.

Lorsqu'ils regagnèrent la voiture, Jérémy s'empressa d'interroger la jeune femme.

— Je t'ai sentie bizarre, un peu ailleurs. Qu'est-ce qu'il s'est passé ? Encore des visions ? Tu veux en parler ?

— C'est étrange, je me suis revue enfant. Mais je n'étais pas seule. On était deux, tout le temps. Et même si l'autre paraissait un peu plus âgée que moi, on se ressemblait énormément. On avait l'air très proches, expliqua Louise troublée.

— Comme deux sœurs ? Pourtant tu es fille unique que je sache.

— Oui, comme des sœurs… Ce lien que je ressens, ces sentiments envers elle, je n'ai pas pu les feindre. Je n'aurais pas pu les imaginer si je ne les avais jamais connus. Quelque chose ne colle pas dans toute cette histoire. Je dois parler à ma mère.

Piqué par la curiosité, Jérémy déversa sur Louise une avalanche de questions auxquelles il était impossible pour la jeune femme de répondre :

— Qu'est-ce que tu penses ? Que tu aurais une sœur dont elle ne t'aurait pas parlé ? Pourquoi ? Et où serait-elle ? Il aurait pu lui arriver quelque chose ?

— Je ne sais pas. J'essaie de recouper tous mes cauchemars, toutes mes visions depuis le début. C'est compliqué de trouver une cohérence. Les images se multiplient, de nouvelles m'apparaissent tous les jours, mais je ne parviens pas à les relier entre elles. J'ai vu une femme aussi, ou plutôt une sorcière. D'une méchanceté incroyable, elle me tyrannise, j'ai peur d'elle. Mais l'autre fille est près de moi, elle me protège et me rassure.

— Cette sorcière pourrait être la personne qui t'a enlevée ! Mais alors ça voudrait dire que tu n'étais pas la seule à avoir disparu, vous étiez deux : toi et ta sœur ? Et tes parents ne t'auraient rien dit ? Ce serait possible ? C'est ce que tu crois ? questionna Jérémy qui ne savait plus quoi penser.

— Non. Ce n'est pas ce que je crois…

14

Louise avait appelé sa mère. Elle devait lui parler, au plus vite. Elle était en route. Marie comprit immédiatement que quelque chose de très important devait tourmenter sa fille. Elle était anxieuse. Elle mit de l'eau à chauffer dans une bouilloire, installa les tasses sur la table, et déposa quelques biscuits dans une petite assiette en attendant l'arrivée de son invitée. C'était un rituel entre elles. Lorsqu'elles avaient envie ou besoin de discuter en tête à tête, c'était toujours devant un thé fumant.

Louise arriva enfin, totalement désorientée. Son visage crispé en disait long sur son état intérieur. Son rictus de colère, ses sourcils froncés qui se rapprochaient lorsqu'elle retenait sa douleur. Rien n'échappa à Marie, elle connaissait si bien son enfant. Le thé ne semblait pas de circonstance. L'heure était grave et Louise entra aussitôt dans le vif du sujet :

— J'ai besoin de connaître la vérité. Je n'en peux plus de tous ces mystères. Je te demande d'être parfaitement honnête. Est-ce que j'ai une sœur ? lâcha Louise sans plus de détour. Qu'elle soit encore en vie ou non, est-ce que j'ai une sœur ?

Marie tira une chaise. Le sol venait de se dérober sous ses pieds. Elle devait s'asseoir. Elle se frotta le front nerveusement avant de relever la tête et affronter de nouveau le regard accusateur de sa fille.

— Mais pourquoi ? Mais… mais non… enfin… mais pourquoi cette question ? bafouilla Marie affolée.

— Non ? Tu es bien sûre ? s'impatienta la jeune femme, blasée. Alors, je crois que je ne suis pas Louise Vernel. Je ne suis pas ta fille, laissa-t-elle tomber comme une sentence.

Les yeux de Marie se noyèrent instantanément de larmes, pourtant ils restèrent plantés dans ceux de Louise :

— Je sais, répondit-elle simplement d'une voix hésitante.

— Je sais ? répéta Louise effarée. C'est une plaisanterie ! Dis-moi que c'est une plaisanterie, je t'en supplie ! hurla-t-elle.

— Je suis désolée…

— Non ! Non, non, non ! On est désolé d'avoir cassé un verre ou d'arriver en retard ! Là, tu n'as pas le droit d'être seulement désolée ! Tu m'as menti, tu m'as trahie, tu as abusé de ma confiance, de ma faiblesse ! Mais comment tu as pu faire ça ? Tu le sais depuis le début ? Tu as tout manigancé ? Mais explique-toi, merde ! vociférait Louise, folle de rage.

— Je n'ai rien manigancé du tout. Quand Louise m'a été enlevée, j'ai prié, j'ai imploré son retour. Puis un jour, sept ans plus tard, j'ai ressenti une douleur inouïe dans mon ventre, comme si on le déchirait de l'intérieur, mon cœur a implosé, quelque chose venait de s'éteindre. J'ai su. J'ai continué d'espérer, mais au fond de moi je savais. Je ne la reverrais pas. Bien des années plus tard, j'ai vu ton visage à la télé, cet appel à témoins. Tu lui ressemblais énormément…

— Mais tu savais que je n'étais pas elle !

— Oui. Une maman ne peut pas oublier. Une maman ne peut pas se tromper. Mais tu étais seule. Personne n'était venu te chercher. Tu avais besoin qu'on s'occupe de toi, tu avais besoin d'amour. Et moi, de l'amour, j'en avais tellement. Je pouvais t'aimer. Je t'aimais déjà. Je t'ai aimée dès les premières secondes, comme ma fille. Je sais que c'était une folie. Mais c'était si simple, si accessible. Personne ne nous a créé de problèmes, on est arrivés avec une photo de Louise enfant avec ses boucles rousses, son teint clair, sa frimousse qui aurait pu être la tienne, personne n'a cherché plus loin. Tu étais majeure, tu nous as acceptés, les choses se sont arrêtées là. Tout le monde était content de l'issue de notre histoire. C'était si facile d'être de nouveau heureux, et puis on ne faisait de mal à personne. On était tous des amputés de la vie, et ensemble on pouvait se réparer. Où était le mal ?

— Mais dans le mensonge, évidemment. Tu savais pertinemment qu'un jour ou l'autre la vérité éclaterait !

— Oui, bien sûr, je m'en doutais, même si j'ai toujours refusé d'y penser. Mais ça ne changeait rien. Et je recommencerais tout aujourd'hui, si c'était à refaire, pour passer ne serait-ce qu'une minute auprès de toi. Pour moi, tu es ma fille. Tu n'es pas Louise, c'est vrai, mais tu es ma fille.

— J'ai passé des mois à chercher qui me voulait du mal, et je découvre que je ne peux même pas me fier aux plus proches. Et papa, enfin Gérald, je ne sais plus comment je dois l'appeler, était d'accord avec tout ça ? Il t'a suivie aveuglément dans ton délire ?

— Gérald est un être exceptionnel, sans lui je n'aurais pas tenu. Son amour m'a sauvée. Oui, il m'a suivie, et pas seulement parce qu'il m'aime. Il m'a suivie parce qu'il savait qu'il pourrait t'aimer aussi, sinon il m'aurait arrêtée. Mais il t'aime, il t'aime tellement si tu savais ! Aucun père n'aurait pu t'aimer davantage.

— Mais vous êtes dingues ! Vous êtes complètement dingues ! Je cours peut-être un grave danger et vous, vous jouez au papa et à la maman de substitution ! Mais dites-moi que je rêve ! C'est pas vrai !

Louise était traumatisée par les révélations de Marie. Elle se sentait perdue, vulnérable. Son amnésie faisait d'elle une proie. Que les gens soient animés de bonnes ou de mauvaises intentions, elle était à leur merci. Ils pouvaient, sans effort, se jouer d'elle, la manipuler, la tromper. Cette idée ne faisait qu'accroître son angoisse. Peut-être ne pouvait-elle faire confiance à personne, finalement.

— Et sur ma vie, ma véritable identité, vous savez quoi au juste ? reprit Louise, tentant de se maîtriser.

— Rien. Absolument rien, murmura Marie, désolée de voir sa fille si dévastée.

— Vous êtes totalement inconscients, conclut-elle s'apprêtant à quitter la pièce.

— Louise ! laissa échapper Marie dans un cri de désespoir. Ne pars pas…

D'un geste brusque, la jeune femme dégagea son bras auquel sa mère s'agrippait, comme on s'accrocherait à un dernier espoir.

— Ah non ! Ça, plus jamais ! Je t'interdis, tu m'entends, de m'appeler encore une seule fois Louise.

Elle sortit sans se retourner. Sans le moindre regard pour celle qui, durant trois ans, avait été sa mère.

L'Autre

Marie porta la main à sa bouche, sans doute cherchait-elle à retenir le hurlement de douleur qui montait dans sa gorge alors que la porte d'entrée venait de se refermer en claquant. Sa fille venait de disparaître pour la seconde fois.

15

Louise déambulait dans la rue, la vision troublée par les larmes qu'elle n'avait que trop retenues. Le chagrin et la colère se disputaient son cœur. Elle ignorait lequel l'emporterait, les deux semblaient si forts. Elle se sentait profondément désorientée. Le monde qui l'entourait lui était étranger. Non. Non, c'était pire encore. Ce n'était pas le monde, c'était elle qui était étrangère. Le monde, lui, existait. C'était elle qui n'existait pas. Elle n'était personne. Elle n'avait même pas de nom. Pas d'histoire. Pas de vie. Elle n'était qu'une marionnette que les gens agitaient à leur guise, le temps de s'amuser un peu, et dont le personnage mourait dès lors que le marionnettiste reposait sa main. On lui avait inventé une vie, fait jouer un rôle qui n'était pas le sien. On avait créé Louise et elle venait de mourir. La jeune femme se mit à courir en direction de son appartement. Elle avait besoin de se réfugier chez elle, de s'y enfermer, de se protéger des autres, d'être seule. Elle arriva enfin dans le hall de l'immeuble, arracha rageusement l'étiquette de la boîte aux lettres sur laquelle était inscrit « Louise Vernel » et monta les escaliers quatre à quatre, ne prenant pas le temps d'appeler l'ascenseur. Enfin à l'abri, elle referma la porte derrière elle, tourna le verrou, et reprit enfin son souffle. Elle resta figée devant le miroir de l'entrée, observant son visage comme si elle le voyait pour la première fois.

— Qui es-tu ? demanda-t-elle à l'inconnue qui lui faisait face. Qui es-tu ? hurla-t-elle.

Louise s'approcha tout près du miroir, elle se fixait droit dans les yeux, tentait de scruter le fond de son âme, se provoquait presque.

— Qui es-tu ? répéta-t-elle, agressive. Non, pas toi. Pas toi avec ton regard triste, ton air de victime. Pas toi qui t'es fait manipuler, qui es incapable de te protéger, qui pleures pour rien. Non, pas toi : l'autre. Celle qui était là avant que je ne l'oublie. Celle qui est toujours là, cachée, tapie dans un coin de mon esprit. Montre-toi, dis-moi qui tu es. Tu as peur ? C'est plus facile de rester planquée et d'envoyer cette naïve de Louise vivre à ta place. Mais parle, dis-moi qui tu es !

Louise semblait comme possédée, en état de démence, défigurée par la rage. Ses questions restaient sans réponses. L'autre semblait avoir choisi le mutisme. Elle attrapa nerveusement le miroir et le projeta violemment contre la porte d'entrée. Alors que mille éclats de verre se répandaient au sol, la jeune femme éclata d'un rire tonitruant, que seule la folie aurait su expliquer.

À bout de force, à bout d'espoir, elle se laissa tomber sur le canapé et contre toute attente, s'endormit rapidement.

Lorsque Louise rouvrit les yeux, la pièce était plongée dans l'obscurité. Elle se saisit de son téléphone portable et appuya sur la première touche à sa portée, faisant apparaître les chiffres lumineux : 5 h 17. Malgré l'heure, plus que matinale, elle décida de se lever. Sa colère était retombée. Ne restaient plus que la tristesse, la fatigue et la lassitude. Elle se sentait simplement comme un lendemain de soirée trop arrosée. Les idées un peu confuses, l'énergie en sous-régime, le corps et l'esprit courbatus. Elle massa délicatement son ventre :

— Excuse-moi pour hier, murmura-t-elle à voix basse, j'espère que je ne t'ai pas trop effrayé. C'est un peu la pagaille, tu sais, en ce moment, rien ne va comme je voudrais. Je sais pas encore à quoi tout ça va aboutir, mais je te promets que d'une manière ou d'une autre j'aurai réglé cette situation avant ton arrivée. Je te laisserai pas commencer ta vie dans les doutes et la confusion.

Louise se servit un grand verre de jus d'orange qu'elle avala d'une traite puis se dirigea vers l'entrée où les débris de verre jonchaient toujours le sol. Elle s'accroupit et commença à ramasser minutieusement les plus gros morceaux, prenant mille précautions pour ne pas se blesser. Pourtant soudain, elle se sentit déstabilisée, perdit l'équilibre et se retrouva assise sur le carrelage, totalement ahurie. C'était comme si quelqu'un l'avait brutalement poussée en arrière. D'ailleurs, elle avait entendu sa voix. On lui avait braillé « dégage ! ». Sa main. Sa main lui faisait mal. Sa cicatrice saignait. Elle s'était blessée. Non. Non, à peine quelques secondes, et elle reprit ses esprits. Il n'y avait personne, sa cicatrice était intacte. Juste un flash. Un de plus. Un flash particulièrement déroutant, c'était la première fois qu'elle entendait les sons, les voix, et cela rendait l'expérience encore plus impressionnante. Mais ce n'était qu'un flash, rien d'autre. Elle se releva, résolue et inébranlable.

— Vous voulez me rendre folle ? Me faire croire que je le suis déjà ? adressa-t-elle au destin, à Dieu, à son inconscient. Elle ne savait pas trop, au fond, qui était responsable. Ben, c'est raté ! Je ne suis pas folle ! Et j'irai jusqu'au bout, je démêlerai tout ça, je récupérerai mon passé, et j'offrirai une vraie histoire à mon bébé.

D'un énergique coup de balai, elle termina de faire place nette et revint s'asseoir sur le canapé. Son téléphone n'avait cessé de sonner depuis la veille. Elle vérifia les appels en absence : vingt-trois au total. Dix-sept de Mona, six de Jérémy. C'était une certitude, ils étaient au courant. Et ils ne tarderaient pas à débarquer chez elle si elle s'obstinait à ne pas répondre. Tant pis, ils se déplaceraient pour rien, parce que pour l'heure, elle n'avait envie de voir personne, elle n'avait pas envie de parler ni de ça ni de rien d'ailleurs. Elle avait juste envie d'une douche bien chaude et d'un peu de tranquillité.

Louise ne s'était pas trompée, Mona avait eu la délicatesse d'attendre une heure raisonnable, 8 heures selon elle, mais pas une minute de plus pour se présenter chez son amie. Elle tambourinait à la porte, sans discontinuer, depuis un long moment. Louise avait décidé qu'elle s'excuserait plus tard, lui racontant qu'elle ne l'avait pas entendue. Mais ce mensonge devenait de moins en moins crédible à mesure que Mona s'impatientait. Il était impossible de ne pas entendre le vacarme qu'elle faisait.

— Louise ! Je sais que tu es là ! Ouvre-moi ! Louise ! Ta mère m'a tout expliqué, elle s'inquiète pour toi ! Et moi aussi. Ouvre-moi s'il te plaît ! s'évertuait-elle à répéter en boucle tout en tapant du poing sur la porte.

— Il n'y a pas de Louise. Et ce n'est pas ma mère, finit par répondre la jeune femme en ouvrant enfin à son amie.

— Laisse-moi entrer, on peut en parler. On est là, nous, ma belle. Même si cet idiot de Jérémy a considéré qu'il était encore trop tôt pour venir, je cite, t'ennuyer. Pff, si on t'ennuyait tu nous le dirais, pas vrai ? Ce qu'il peut être bête parfois !

Louise sourit en faisant entrer Mona. Ce petit bout de femme était décidément unique. Son énergie, sa gentillesse, son empathie, son altruisme, tout était démesuré chez Mona. Tout était plus grand que chez le commun des mortels, même sa capacité à prendre l'air de rien pour parvenir à ses fins. Finalement Louise était contente qu'elle soit là. Comme toujours, en quelques instants, la présence de ce rayon de soleil agissait comme un médicament, un antidouleur redoutablement efficace.

— Tu sais, Louise… commença Mona.

— Je ne m'appelle pas Louise, la coupa la jeune femme.

— OK ! Mais j'ignore ton nom, et je ne vais pas t'appeler X d'abord parce que c'est ridicule et puis ça ne te va pas ! Alors si tu veux bien on va continuer à utiliser le prénom que tu portes depuis maintenant plus de trois ans, rétorqua-t-elle avec fermeté. Ce n'est pas parce que tu refuses les choses qu'elles cessent d'exister. Ta situation n'est pas agréable, loin de là, je peux l'entendre, mais c'est ta situation et tu dois l'accepter pour avancer. Moi quand j'ai perdu Hugo, je me suis raccrochée à tout ce que je pouvais pour ne pas sombrer. J'ai d'abord résisté, comme toi. Moi aussi, je l'ai refusée ma situation. Pourtant, elle a continué d'être. Je ne l'ai pas changée, elle est restée la même, peut-être juste plus insupportable encore. Alors, épuisée de me battre, exténuée, j'ai fini par l'accepter. Ça n'a pas été facile. Des questions, je m'en suis posées. Les mêmes que toi sans doute. Tu sais, le malheur rend les questions universelles. Pourquoi ? Pourquoi moi ? Quel est le sens de la vie ? Quel est le but de ma vie ? Qui suis-je ?

Louise restait silencieuse. Les propos de Mona étaient sévères et pourtant teintés de tant d'amour et d'empathie, et puis surtout ils étaient justes, tellement justes. Malgré le bouleversement que ces mots provoquaient en elle, Louise était désireuse que Mona poursuive. Elle ne souhaitait en aucun cas, l'interrompre.

— Tu crois quoi, Louise ? Qu'il suffit de se rappeler son passé pour savoir pourquoi ? Pourquoi nous ? Tu crois que la réponse est là ? Tu penses qu'il existe un genre de relation de cause à effet, et qu'en fouillant ma mémoire je peux trouver lequel de mes actes justifie la mort de mon fils ? Bah non. Il n'y a pas de réponse à cette question, rien ne peut justifier la perte d'un enfant. Il n'y a pas de pourquoi parce qu'il ne peut y avoir aucune raison à mettre en face. Que l'on soit amnésique ou pas ne fait aucune différence. Ton pourquoi c'est le même que le nôtre. Ta souffrance c'est la même aussi. Tant que l'on s'obstine à chercher un pourquoi, on souffre atrocement.

— Mais je ne voulais surtout pas t'offenser ou minimiser ta douleur par rapport à la mienne, se risqua Louise gênée.

— Oh, mais ne t'inquiète donc pas ! Si je suis un peu incisive ce n'est pas pour défendre ma douleur, il manquerait plus que ça ! Elle peut bien disparaître celle-là ou être mise à mal, je lui viendrai pas en aide ! Ce n'est pas non plus parce que tu m'offenses, mais parce que tu t'offenses toi-même. Tu te reproches de ne pas être capable de faire ce que personne n'est capable de faire. Arrête d'être si dure avec toi-même. Si c'était ton enfant qui avait perdu la mémoire serais-tu si dure avec lui ? Le trouverais-tu stupide, le lui reprocherais-tu ?

Louise posa ses mains sur son ventre d'un geste protecteur.

— Non ! Bien sûr que non ! Ça n'aurait aucune importance, je l'aimerai de tout mon cœur, de toutes mes forces, j'arriverai à le convaincre qu'il n'y a que nous, notre amour, au présent. Et on se moquerait de tout le reste ! répondit instantanément Louise débordant de tendresse.

— Et tu ne comprendrais pas, tu ne supporterais pas qu'il s'en veuille ?

— Non, c'est vrai. Tu as raison… murmura Louise pensive.

— Voilà, tout est dit ! Offre-toi cet amour Louise, tu ne sauras pas le donner aux autres si tu ne te l'offres pas à toi-même. Quant au fameux « qui suis-je », on en parle ? s'amusa Mona. Des milliers, non, des millions de gens cherchent depuis des millions d'années dans tous les domaines, développement personnel, spiritualité, sciences, psychologie, la réponse à cette putain de question ! Et mademoiselle se maltraite parce qu'elle n'a pas la réponse ! Non, mais t'es pas sérieuse ! La plupart de ces personnes ne sont pas amnésiques, mais ils ont suffisamment potassé le sujet pour savoir que la réponse ne se trouve pas dans la mémoire, ni dans le cerveau, ni sur la carte d'identité. Il n'y a pas de réponse formulable. Je suis ce que je suis, qu'il disait ! Et le gars, c'était pas n'importe qui quand même ! Bah toi aussi, tu es ce que tu es. Au même titre que nous, au même titre que Dieu, ça va quand même, pas si mal, non ?

Louise baissa les yeux. Mona avait un don. Elle savait apaiser, réconforter, bousculer, éclairer, partager, soigner, materner. Cette femme était faite pour être une maman, une merveilleuse maman, et le destin lui avait enlevé son premier enfant. Elle avait raison il n'y avait aucun pourquoi à cela. Et qui était-elle ? Elle était ce qu'elle était : inexplicable, indéfinissable, parfaite. Elle avait encore raison. Louise eut soudain envie de se blottir dans ses bras. Mona l'y accueillit avec plaisir et tout en lui caressant les cheveux enchaîna :

— Je comprends ton désarroi et ta révolte. Mais quelle dose d'amour il faut avoir à offrir pour faire ce qu'ont fait Marie et Gérald ? Ils t'ont tout ouvert : leur cœur, leur âme, leur maison, malhonnêtement peut-être, maladroitement, sûrement, mais sincèrement. L'histoire était fausse, mais l'amour était vrai et il était extraordinaire ! Personne ne s'est manifesté durant huit jours. Soyons réalistes : soit tes parents sont morts, et c'est pas cool, soit ils ne se sont pas sentis concernés par l'appel à témoins, et c'est encore moins cool, soit c'est des ermites ou pire des bobos qui n'ont pas la télé, et pas de voisins non plus et pas d'amis plus ou moins proches qui auraient à la fois la télé et le téléphone pour les prévenir ! Et là, c'est carrément l'horreur ! Quelle chance d'être tombée sur les Vernel !

— T'es bête ! s'exclama Louise sourire aux lèvres. T'es bête, mais t'as pas complètement tort.

— Ravie de l'entendre… Allez, on fait quoi, alors, maintenant ? enchaîna Mona avec enthousiasme.

— On recherche activement la vérité !

— On commence par où ? Les flics ? Les archives ? Internet ?

— Pas les flics ! Je veux pas causer d'ennuis à mes parents en révélant toute cette histoire.

— Tu n'es pas obligée de tout leur révéler pour obtenir des infos. Mais comme vous voudrez, Melle Vernel, c'est vous qui décidez ! plaisanta Mona qui avait bien compris que son amie revenait à de meilleurs sentiments. Va pour internet dans un premier temps ?

— OK ! Mais appelez-moi Louise ! s'amusa enfin la jeune femme.

16

Louise devait accoucher dans moins de cinq semaines. Et les recherches sur son passé battaient leur plein. Elle espérait pouvoir commencer une nouvelle vie avec l'arrivée de son bébé et pour ce faire elle avait besoin d'en finir avec l'ancienne. Reconstituer le puzzle et le ranger définitivement dans un tiroir que l'on n'aurait plus jamais à ouvrir. Elle comptait aussi renouer avec Marie et Gérald, pas tout de suite, elle devait d'abord digérer tout ça, mais bien sûr qu'elle comptait les retrouver, un peu plus tard, quand les choses seraient réglées. Malheureusement malgré l'aide et la bonne volonté de Mona et Jérémy, les résultats demeuraient quasi nuls. Ils avaient bien trouvé quelques articles, sur internet, qui parlaient de l'accident. Mais pas d'élément déterminant, personne n'avait rien vu, personne ne savait rien. Jérémy avait également fouillé dans les fichiers de l'hôpital. Il n'en avait pas tiré grand-chose non plus : la victime n'avait rien sur elle, pas de papier, pas d'objet susceptible de l'identifier. Le chauffard lui avait-il peut-être volé son sac avant de prendre la fuite ? Rien ne permettait de l'affirmer. Seul un homme était mentionné sur le dossier, celui qui avait alerté les secours. Il était revenu deux jours plus tard, au centre hospitalier pour prendre des nouvelles de la jeune femme. Un type bien, apparemment sans histoire, seul visiteur, mais qui n'avait aucune information supplémentaire à fournir, il n'avait pas été témoin de la collision, il avait trouvé Louise déjà étendue sur le trottoir, juste avant qu'elle ne perde connaissance. Il avait raconté tout ce qu'il savait mille fois à la police, et ce qu'il savait se limitait à peu de choses. Les recherches n'avançaient pas. Se borner autour de son accident était une erreur. Louise décida de suivre plutôt la piste de ses visions, qui d'ailleurs ne cessaient de s'intensifier. Mais pas facile de trouver quand on ne sait pas vraiment ce qu'on cherche. Les trois amis rivalisaient d'imagination pour inventer toujours des termes plus surprenants à taper sur les moteurs de recherche. « Docteur psychopathe », « tueur de rousses » pour les plus loufoques, « meurtre jeune femme », « suicide, accident » pour les plus sordides et tragiques. Des milliers de résultats s'affichaient évidemment à chaque validation. Ils les survolaient, triaient rapidement ce qui pouvait correspondre en lieu et date, notaient ce qui leur semblait intéressant. Un travail monumental qui avait pourtant si peu de chances d'aboutir. Mais rien n'aurait pu les faire renoncer, Louise avait besoin d'eux et ils ne la laisseraient jamais tomber. De son côté, la jeune femme avait repris les renseignements récupérés par Jérémy. Cet homme qui lui avait sauvé la vie en appelant les secours, elle ne l'avait jamais remercié, de plus c'était le seul infime petit début de piste qu'ils avaient. Peut-être pourrait-il lui apprendre quelque chose, même un détail qui lui aurait paru insignifiant. Un tout petit détail. Il fallait l'appeler.

— Si je me rappelle ? Vous plaisantez ? répondit l'homme touché par l'évocation de ce souvenir. Ce que j'ai vécu ce soir-là, je ne suis pas près de l'oublier. Ç'aurait pu être ma fille étendue à votre place, je ne parvenais pas à me sortir cette idée de la tête. J'avais tellement peur que vous mouriez, tellement peur de ne pouvoir rien faire.

— Mais vous avez fait ce qu'il fallait, vous m'avez sauvé la vie. Et je ne pourrai jamais assez vous remercier pour ça.

Louise était mal à l'aise. Cette discussion était à la fois très émouvante pour elle, mais aussi gênante et improbable. Elle continua non sans hésitation :

— Je suis désolée de vous demander ça, mais vous savez on n'a jamais retrouvé le conducteur, et je me disais que peut-être vous pourriez m'aider, peut-être vous vous souviendriez d'un détail, même sans intérêt en apparence, bafouilla Louise.

— Non, rien du tout, ma pauvre petite. J'ai déjà tout raconté à la police. Quand je suis arrivé, y'avait plus personne, plus de voiture, juste vous sur ce trottoir. Je me suis approché, je composais déjà le numéro des secours, j'ai posé ma veste sur vous, vous avez balbutié deux, trois mots avant de perdre connaissance, et les plus longues minutes de ma vie ont commencé, le temps que les pompiers arrivent.

— J'ai balbutié deux, trois mots, vous dites ? C'était quoi ? Vous vous rappelez ?

— Oui, Rollin ou Rolland peut-être, je m'en souviens parce que Rollin c'est le nom de jeune fille de ma femme. J'ai pensé que vous appeliez votre petit ami, votre père, j'en sais rien, dans des moments comme celui-là, je ne sais pas à quoi on pense. Mais à cet instant ça n'avait vraiment aucune importance, la seule chose qui comptait c'était que vous teniez bon jusqu'à l'arrivée des secours.

Louise marqua un temps d'arrêt, sa respiration s'accéléra, des dizaines d'images défilèrent en une seconde dans sa tête. Rolland... Mais bien sûr, Rolland !

— On pense à dénoncer son assassin, marmonna Louise pour elle-même. Merci encore, monsieur. Merci infiniment pour tout ce que vous avez fait.

— Mais avec plaisir, mon petit. Je suis heureux que l'histoire se finisse si bien.

— Oui, si bien... répéta Louise en raccrochant.

La jeune femme rejoignit ses amis, un peu sonnée par ce qu'elle venait d'apprendre et les réactions que ce nom suscitait en elle.

— Rolland ! lança-t-elle. C'est lui qu'on cherche. Docteur Rolland.

Jérémy leva la tête de son portable. Il avait senti dans la voix de Louise une détermination presque agressive, mais en même temps une fébrilité inquiétante, à la limite de la peur. Il aurait voulu l'interroger, mais il la connaissait suffisamment bien pour savoir que ce n'était absolument pas le bon moment.

— Rolland ? intervint Mona. Mais ça me dit quelque chose. Il me semble avoir vu ce nom-là dans mes listes de docteurs.

— Dans les « psychopathes » ? demanda Louise d'un ton grinçant.

— Non. Dans les « morts » répondit Mona, tout en essayant de remettre la main sur l'article qu'elle avait vu passer un peu plus tôt. Ce serait lui, le taré qui a cherché à te tuer ?

— Certainement, oui.

— Ah, voilà ! Docteur Matthieu Rolland. Oui, il est bien mort. Il s'est suicidé apparemment, on l'a retrouvé pendu dans son appartement. L'article fait allusion à une période mouvementée qui aurait précédé son geste, mais ils n'expliquent pas plus en détail de quoi il s'agit.

— Cherche ! Cherche Mona, on tient quelque chose !

— J'ai une photo de lui, en attendant, si tu veux. Tu connais ce visage ?

Mona fit pivoter l'écran d'ordinateur en direction de Louise qui aussitôt blêmit. Oui, elle connaissait ce visage. Elle s'appliqua, au prix d'un effort considérable, à dissimuler son agitation, et affirma simplement d'un ton presque détaché :

— Oui, je pense que c'est lui…

Elle s'excusa, prétexta que sa grossesse la fatiguait énormément ces derniers temps et que si elle ne voulait pas tourner de l'œil, elle devait aller s'allonger un instant.

Sitôt que Louise eut quitté la pièce, Mona se tourna vers Jérémy :

— Elle a peur.

— Oui, c'est ce que je crois aussi. Je ne sais pas de quoi, au juste, et elle n'a pas l'air de vouloir nous en parler, mais elle a peur, c'est évident.

— Je te cache pas que même si je sais bien qu'on ne devrait pas se réjouir de la mort de quelqu'un, je suis vraiment rassurée de savoir que ce type est hors d'état de nuire et qu'il ne tentera plus jamais de faire de mal à Louise.

— Mouais… maugréa Jérémy en observant la photo du Dr Rolland.

— Mouais ? répéta Mona, surprise. Tu peux m'en dire plus, là, je comprends pas bien !

— Bah… j'en sais rien, ce mec, il a l'air tout à fait normal… réfléchit le jeune homme.

— Comme la plupart des détraqués, des tueurs en série et des psychopathes, oui ! trancha Mona.

— Mais lui s'est suicidé. Qu'est-ce qui peut pousser quelqu'un au suicide si ce n'est un mal-être absolu, un désespoir insoutenable ?

— La culpabilité par exemple. Et dans son cas, ça me paraît adapté ! rétorqua-t-elle ne voyant toujours pas où il voulait en venir.

— Exactement ! La culpabilité ! On est d'accord ! Sauf que les détraqués, les tueurs en série et les psychopathes ressentent rarement de la culpabilité ! En revanche, quand l'agresseur et la victime se connaissent, c'est plus que plausible. Je suis certain que c'est une histoire personnelle. Louise et ce Dr Rolland avaient un lien, il ne peut pas en être autrement. Je ne sais pas lequel, je ne sais pas ce qu'il s'est passé, mais c'est personnel. J'en suis convaincu.

17

Les yeux noyés de larmes, Adèle regardait le parc qui demeurait extrêmement calme et silencieux. Son long foulard flottait, léger et aérien. La brise qui s'était levée jouait à le mêler à ses grandes boucles rousses.

La voix déformée par la rage accompagna le geste :

— Tu ne vaux pas mieux qu'elle !

Adèle eut à peine le temps de tourner la tête, le regard empli de terreur et d'incompréhension, qu'elle se sentait déjà déséquilibrée. Son corps avait basculé dans le vide. Les mains qui l'avaient poussée ne comptaient évidemment pas se tendre vers elle pour lui porter secours. Le temps n'existe plus lorsque l'on va mourir et sa chute dura une éternité. Elle n'avait pas peur. La mort fait toujours peur tant qu'elle est loin. Et puis, plus elle s'approche et plus on l'apprivoise. Et quand elle est là, tout près, quand, face à face, on peut enfin voir son visage, on peut sentir ses bras nous envelopper, on peut sentir presque une douceur, une sérénité, le silence. Il ne reste qu'à se laisser aller, quelles que soient les circonstances dans lesquelles elle apparaît, il existe toujours cet instant suspendu. Non, Adèle n'avait pas peur. Elle était malheureuse. Malheureuse de partir si tôt, elle avait imaginé tant de belles choses à vivre. Malheureuse d'entraîner avec elle son bébé à qui elle ne pourrait jamais offrir la vie. Et plus que tout, malheureuse, parce que ces mains qui venaient de la condamner, elle les connaissait si bien. L'intensité de la hargne qui avait animé cet être l'espace d'un instant n'avait d'égale que l'intensité de l'amour qu'elle lui portait. Elle l'avait tant aimé. Elle l'aimerait encore au-delà de la mort. Elle ne lui en voudrait pas, ne le détesterait pas, elle partirait avec tout cet amour, intact. Lorsque l'impact eut lieu, tout s'arrêta instantanément. C'était fini. Le sang jaillissait recouvrant centimètre après centimètre la peau d'Adèle, ses cheveux, ses vêtements. Un rouge vif, aveuglant qui recouvrait tout sur son passage, pourtant une goutte, une seule goutte semblait résister. Une goutte transparente, limpide, étincelait au milieu de cette mare gluante. Aussi pure que le cœur d'Adèle, une dernière larme refusait de s'éteindre.

§

L'homme, totalement saoul, vociférait des insultes et des menaces. Il attrapa, avec force et violence, le bras de Romane.

L'Autre

— Tu vas crever, Romane, tu m'entends ? C'est moi qui te ferai rendre ton dernier souffle, la menaça-t-il.

— Lâche-moi, pauvre type ! cracha-t-elle sans se laisser impressionner. Trop d'alcool et pas assez de couilles pour ça, toubib. Alors, casse-toi et fous-moi la paix. Tu ne m'impressionnes pas.

Matthieu Rolland, ivre de haine et d'alcool, lâcha sa victime d'un geste brusque, et lui lança un dernier regard empli de dégoût. Il repartit d'un pas décidé vers sa voiture garée à proximité. Romane poursuivit sa route, ruminant sa colère, elle n'avait pas réalisé qu'elle n'avait plus son sac. L'avait-elle laissé tomber ou ce dingue l'avait-il emporté ? Elle chercha rapidement alentour, mais un réverbère cassé plongeait la rue dans une quasi-obscurité. Les phares d'une voiture blanche éclairèrent brièvement le trottoir, mais le véhicule venait déjà de la dépasser, impossible de voir clair. Un moteur grondait derrière elle, le bruit qu'il faisait n'était pas normal. Le chauffeur semblait accélérer démesurément. À peine le temps de se retourner, que Romane vit arriver droit sur elle le véhicule de Matthieu. Tel un fou furieux, ses deux mains accrochées au volant, son regard turquoise fixe et totalement vide, il fonçait. Puis ce fut le choc, et bientôt le trou noir.

Louise se réveilla en sursaut. Ses cris avaient alerté Mona et Jérémy, qui se précipitèrent auprès d'elle.

— Ça va, ma belle ? Tu as fait un cauchemar, c'est rien, ça va aller. On est là… murmurait Mona d'une voix qui se voulait calme et rassurante. Ça va aller…

Il était devenu quasiment impossible pour Louise de dormir plus de deux heures d'affilée sans que de terribles cauchemars ne viennent perturber son sommeil. Elle avait besoin de repos. Vraiment. Son état général s'en ressentait. Elle devait avoir de la force pour deux, elle n'en avait plus seulement assez pour tenir debout. Mona était inquiète, cette grossesse allait finir par mal tourner. Il fallait réagir. Vite. Avant qu'il ne soit trop tard.

— Louise, je voudrais que tu voies un docteur, que tu ailles à l'hôpital. On fait n'importe quoi là. C'est pas raisonnable, continua Mona, décidée à convaincre son amie.

— Un docteur ? s'égosilla Louise avec un rire hystérique. Ça tombe bien, j'en ai vu un ! Il voulait que je crève et il m'appelait Romane…

Mona resta interdite. Romane. Ce prénom avait eu l'effet d'une bombe dans sa tête. Pourtant, le comportement quasi délirant de Louise ne l'incitait pas à creuser davantage, avec elle, cette nouvelle piste. Son amie n'était clairement pas en état. Pas pour le moment. Mais malgré son attitude, Louise était loin d'avoir perdu l'esprit et la réaction de Mona ne lui avait pas échappé :

— Qu'est-ce qu'il se passe ? Dis-moi ! Tu sais quelque chose, ne me mens pas, je le vois sur ton visage ! Je te connais par cœur, dis-moi, s'il te plaît !

Mona avait immédiatement renoncé à mentir, effectivement Louise la connaissait trop bien pour s'aventurer à essayer de la tromper. D'ailleurs, elle aussi se connaissait suffisamment pour savoir qu'elle en était bien incapable. Elle était une menteuse pitoyable. Elle détestait le mensonge. Elle pensait que, contrairement à ce qu'on pouvait dire parfois, il n'existait pas de bonnes raisons de mentir. Oh, bien sûr, si cacher la réalité, la transformer en paroles permettait vraiment de la changer, Mona l'aurait fait bien des fois. Mais il n'en était rien. La réalité restait ce qu'elle était. Le mensonge n'était qu'un voile poisseux qu'on déposait sur elle, espérant que ce qu'on ne voit pas n'existe plus. La vérité, quelle qu'elle soit, lui semblait moins sournoise, plus rassurante, elle avançait à visage découvert, elle laissait la possibilité de l'appréhender, de l'accepter ou la changer, mais pour de vrai. Mona avait toujours fait le choix de la vérité, même si parfois, sur le coup, ce n'était pas le moins douloureux.

— Romane ? Tu as bien dit Romane ? Alors, oui, on a des infos…

— J'en étais sûre ! Vous avez trouvé quoi ? interrogea Louise soudain redevenue parfaitement lucide.

— On te raconte tout, mais après promets-moi que tu nous laisses t'emmener à l'hôpital, imposa Jérémy.

— Oui, ça va, on verra après. Allez, montrez-moi ce que vous avez, s'agaça Louise.

— Bah, en deux mots, si on part du principe que tu pourrais être Romane, comme tu l'avais suggéré, tu aurais, en effet, une sœur… qui malheureusement serait morte dans des conditions horribles.

— C'est-à-dire ? Quelles conditions ? déglutit Louise très émue.

— Elle… elle est tombée du 5e étage d'un immeuble…

— Tombée ?

— Oui. Après… justement… c'était la petite amie du docteur Rolland. Et il a, un temps, était soupçonné de l'avoir poussée. Mais rien n'a été prouvé. La suite, tu la connais, il tente de te tuer, et puis il se suicide. Voilà pour les grandes lignes… termina Jérémy.

Louise ne répondait pas. Elle avait fermé les yeux, sa tête tournait, elle se sentait faiblir. Jérémy eut tout juste le temps de la prendre dans ses bras avant que ses jambes ne la lâchent. Mona appelait déjà les secours. Louise avait perdu connaissance, il n'y avait plus une seconde à perdre.

§

Louise se sentait flotter. Elle entendait bien, au loin, les voix des pompiers qui s'affairent, les pleurs des amis qui s'affolent, les bruits des machines que l'on branche. Mais tout ça ne la concernait pas. Elle était à l'abri de tout ce vacarme, de cette violence. Elle était protégée, dans une bulle de coton, elle flottait. Elle avait onze ans, elle s'appelait Romane.

— Adèle ! Pourquoi maman se réveille pas ? demanda naïvement la petite fille.

— Parce qu'elle a encore trop bu. Laisse-la, c'est moi qui vais préparer ton petit déjeuner.

— Pourquoi elle a encore trop bu ? continua-t-elle.

— Parce qu'elle ne fait plus que ça. Parce que papa est parti.

— Et alors ?

— C'est vrai, t'as pas tort ! sourit Adèle. Et alors ? C'est pas une raison ! Et ça le fera sûrement pas revenir !

— Pourquoi il est parti ?

— Je sais pas, ma grande.

— Il nous aimait pas ? demanda Romane, une pointe de tristesse enfantine dans la voix.

— Sûrement pas assez pour rester. Tu sais, les adultes, ils sont pas comme nous. Nous on s'aime pour toujours, mais eux non. Des fois, ils s'aiment plus, et ils se séparent. Mais c'est pas grave, parce que nous on est une équipe. Et on restera ensemble quoi qu'il arrive. Je serai toujours là pour toi sœurette, je m'occuperai de toi, ne t'inquiète pas ! On a besoin de personne.

— Moi, quand je serai grande, quand j'aurai des enfants, je serai comme toi, pas comme maman. Je laisserai pas mes enfants tout seuls. Jamais.

— J'en suis sûre, susurra Adèle en embrassant avec bienveillance le front de sa petite sœur.

La bulle de coton se déchira soudain, laissant pénétrer les sons et rompant la sérénité de l'instant. Ils étaient à nouveau tout proches :

— Elle revient ! C'est bon, elle revient ! répétait un pompier visiblement satisfait.

— Merci, mon Dieu, sanglotait Mona qui sans croire en lui, l'avait tout de même imploré durant de longues minutes.

— Mon… bébé… murmura Louise, réunissant le peu de force qu'il lui restait.

— Il va bien, madame, ne vous inquiétez pas. Mais n'essayez pas de parler, n'essayez pas de bouger, vous êtes beaucoup trop faible. Reposez-vous, on s'occupe de vous et de votre bébé, vous êtes tous les deux hors de danger, n'ayez pas peur, la rassura le secouriste posté à ses côtés.

Louise referma les yeux et se laissa de nouveau glisser dans un monde de rêves, de cauchemars et de souvenirs…

18

— Maman ! Maman réveille-toi. Il faut que tu manges un peu. Et puis je vais ranger tout ça et nettoyer. Si les services sociaux passent, on est foutus, il faut…

— Mais fous-moi la paix ! Tais-toi ! Qu'est-ce que j'ai à foutre des services sociaux ? Ils peuvent bien t'embarquer, tiens, ça me fera des vacances. Tu portes malheur ! Tu le vois pas que tu portes malheur ?

La mère de Romane ne devait pas avoir plus de quarante ans, pourtant elle en paraissait bien davantage. Ses cheveux aussi sales que clairsemés n'avaient reçu aucun soin depuis longtemps. Son corps décharné, déshydraté par l'alcool lui permettait à peine de se tenir debout, ses joues étaient creusées, ses yeux semblaient exorbités et les énormes cernes bleutés qui les soulignaient accentuaient encore cet effet. Elle n'avait plus rien d'un être humain, elle ressemblait à une morte-vivante. D'ailleurs c'est ce qu'elle était au fond. À l'intérieur, elle était morte, depuis des années. La seule chose qui l'animait encore c'était la haine, l'aigreur, le ressentiment. Elle ne survivait que pour ça. Cracher son venin, se venger, faire payer au monde entier sa déveine et sa déchéance. Sauf qu'il y avait bien longtemps qu'elle n'avait plus quitté son canapé miteux et que le monde pour elle se limitait à Romane. C'était donc sur l'adolescente qu'elle déversait son fiel, lui faisant endosser la responsabilité du départ de son père.

La vérité, c'était que tout avait plutôt bien commencé. Elle s'appelait Laure et était plutôt jolie. Pleine de rêves et d'ambition, elle avait la vie devant elle. Sa beauté et sa jeunesse l'avaient amenée à tenter sa chance dans le mannequinat. Ses premiers essais s'étaient révélés infructueux, mais elle ne perdait pas espoir et en attendant la gloire et la reconnaissance, elle travaillait dans un supermarché du coin pour faire face aux besoins du quotidien. Lui était routier. Un physique fort et rassurant doublé d'un caractère doux et patient. Le coup de cœur avait été immédiat. Rapidement, ils s'étaient installés ensemble, louant une petite maison à l'extérieur de la ville. Un premier bébé, Adèle, était venu agrandir le foyer, puis un deuxième, Romane. Elle avait quitté son emploi pour s'occuper des enfants, lui roulait toute la semaine et rentrait le week-end. Toute la petite famille vivait modestement, mais ne manquait de rien. Lui, ramenait toujours des cadeaux pour sa femme et ses filles. Il était heureux, aimable, attentionné. Elle, se transformait au fil des jours, et des semaines. Ce n'était pas la vie dont elle avait rêvé. Elle se sentait prise en otage, enfermée dans cette maison, enchaînée à ces gosses qu'elle ne parvenait pas à aimer.

La vérité c'était qu'elle devenait méchante, névrosée, hystérique et qu'elle avait choisi de réguler tout ça à coup d'anxiolytiques et de whisky. Elle avait même été violente parfois, s'en prenant physiquement à lui. Il n'avait jamais répliqué.

La vérité c'était qu'un lundi matin, il avait repris son camion et n'était jamais revenu. Il avait rencontré quelqu'un, une femme simple et gentille. Il allait refaire sa vie, laisser cette histoire derrière lui. Ne plus jamais se retourner, ne plus jamais se rappeler. Il avait pensé à ses filles, il les aimait profondément. Mais il n'en pouvait plus, et les emmener avec lui était tout simplement impossible. Il avait choisi d'oublier.

La vérité c'était que Romane n'était bien sûr pas responsable du départ de son père. Elle n'était coupable de rien, et lui, seulement de lâcheté.

Mais la vérité, Romane ne la connaissait pas et ne la connaîtrait jamais. Dans sa tête et dans son cœur, c'était elle que son père avait voulu abandonner. La vérité pour Romane, c'était celle de sa mère, et elle était sordide.

— Ne dis pas ça. Je sais que tu le penses pas, répondit Romane blessée par tant de brutalité.

— Je le pense pas ? J'en pense bien plus encore ! Tu nous as pourri la vie. Ton père est parti à cause de toi. Il n'en voulait pas d'un deuxième gosse. Moi non plus d'ailleurs. En même temps, je peux pas lui en vouloir, moi aussi, si j'avais pu partir… Comment veux-tu aimer une saloperie comme toi ? Tu nous as pourri la vie, je te dis.

Romane baissa la tête sans répondre. Elle s'accroupit aux côtés de sa mère, en silence, et commença à ramasser les bouteilles cassées et les débris de verre qui jonchaient le sol.

— Mais t'es sourde ou quoi ? vociféra-t-elle. Dégage !

D'un geste sec et cruel, elle venait de repousser Romane, qui, déstabilisée, se retrouvait assise sur le sol. Des larmes dans les yeux, elle se redressa et se remit à sa tâche :

— Je dois ramasser tout ça avant que quelqu'un ne se blesse…

À peine avait-elle terminé sa phrase qu'une douleur intense la submergea. De toutes les forces qu'elle avait pu réunir et de toute la haine qui l'habitait, sa mère venait de lui planter un tesson dans la chair. Aucun cri ne sortit de la bouche de Romane. Son cœur saignait davantage encore que sa main.

— Hors de ma vue. Va-t'en. Tu es le malheur incarné, bavait la mère, folle furieuse.

Romane plongea son regard dans celui de sa génitrice. Elle n'y trouva rien. Elle se releva sans un mot, attrapa un torchon relativement propre sur la table et en entoura sa main blessée. Un palier supplémentaire venait d'être franchi. Un palier qui anéantissait, définitivement, tout espoir de retour en arrière.

§

Louise cherchait son souffle, elle avait l'impression d'étouffer. Elle aurait voulu appeler quelqu'un, mais impossible de parler et encore moins de crier. La panique l'envahissait. Le réveil se révélait compliqué. Des centaines de flashs, d'images, de scènes entières crépitaient dans sa tête. Peut-être avait-elle soufflé trop fort sur les braises du passé ? Elle ne parvenait plus à différencier les rêves de la réalité. Était-elle encore endormie ou étaient-ce bien ses souvenirs qui se bousculaient pour revivre ?

— Ah ! Melle Vernel, vous êtes réveillée ! déclara l'infirmière d'une voix claire et posée. Ne vous affolez pas, tout va bien. On vous a fait une césarienne. Tout s'est très bien passé. Le bébé est en parfaite santé.

Elle était donc réveillée et c'étaient bien ses souvenirs enfouis qui venaient à présent de reprendre leur place.

— Oh, mon Dieu ! murmura-t-elle avant de refermer les yeux.

§

— Et comment va s'appeler cette petite princesse ? demanda la sage-femme en installant le bébé dans les bras de Louise.

— Angèle, répondit la jeune maman. Angèle Vernel, ça te plaît ? ajouta-t-elle, s'adressant à présent à sa fille.

— C'est vraiment un très joli prénom, affirma, avec sincérité, la femme en blouse rose. Je vais vous laisser maintenant. Vous avez besoin de quelque chose ?

— Oui, s'il vous plaît… Je voudrais prévenir mes parents.

— Mais bien sûr, pas de problème, Melle Vernel, je m'en occupe. Vos amis attendent dans le couloir, je les laisse entrer ou vous voulez prendre un moment, seules ?

— Oh oui, laissez-les entrer. Merci beaucoup.

Mona et Jérémy pénétrèrent dans la chambre, des larmes plein les yeux.

— Ma chérie, s'exclama Mona en se précipitant au chevet de son amie. Alors la voilà notre petite perle ! Elle est magnifique ! Vous êtes magnifiques !

Comme à son habitude, Jérémy demeurait plus pudique et peu démonstratif, mais l'émotion se lisait sur son visage.

L'Autre

— Tu veux la prendre ? lui proposa Louise.

La gorge serrée, Jérémy se contenta de hocher la tête tout en tendant les bras. Il se sentait maladroit et peu sûr de lui, mais en même temps tellement fier de tenir sa fille contre lui.

Emportés par leurs sentiments, les amis de Louise ne réalisèrent pas immédiatement que quelque chose avait changé en elle. Quelque chose de profond qui l'avait transformée à jamais. Mais Jérémy la connaissait tellement bien que sans savoir expliquer pourquoi il ressortit de cette visite un peu perturbé.

— Tu l'as trouvée comment ? demanda-t-il soucieux.

— Merveilleuse ! Évidemment ! Tu as une petite fille superbe !

— Merci, Mona ! Mais je te parle de Louise. Tu l'as pas trouvée bizarre ? Je l'ai sentie à la fois grave et déterminée, sereine, mais mélancolique. Je sais pas, un mélange de tas de choses étranges et dans tous les cas, un changement, c'est certain.

— Tu sais, un bébé, ça change pas seulement notre vie, ça nous change tout court. Elle a forcément changé, elle est devenue maman ! garantit Mona emportée par son instinct maternel.

— Non, c'est pas ça, réfléchit Jérémy perplexe. Il y a autre chose. Il s'est passé autre chose.

19

Louise avait totalement recouvré la mémoire. Malheureusement elle était bien loin du soulagement escompté. Elle avait fait le choix de n'en parler à personne. Sa mémoire était devenue son secret. Ces souvenirs, qu'elle s'était acharnée à retrouver, étaient bien là, à présent, et il fallait composer avec eux, s'adapter. Jérémy avait raison, elle était grave et déterminée. Déterminée à mettre de l'ordre dans sa vie, à verrouiller tous les détails, à organiser tant le passé que le futur, pour elle, mais surtout et avant tout pour sa fille.

Elle était rentrée à la maison depuis une petite semaine et avait décidé d'organiser un repas afin de réunir ses proches et célébrer l'arrivée d'Angèle. Juste les plus proches. Ses parents, Mona, accompagnée de son mari et son fils, et enfin Jérémy. Les gens qui lui étaient chers, les gens qu'elle aimait.

La sonnette retentit enfin. Midi pile. C'étaient forcément ses parents et leur légendaire ponctualité. Louise était heureuse et stressée à la fois. Elle ne les avait pas revus depuis les révélations qui avaient fait basculer leurs vies. Elle ouvrit la porte les yeux humides, mais un large sourire aux lèvres.

— Maman ! s'exclama-t-elle en se glissant dans les bras de Marie.

— Ma… ma chérie ! bégaya Marie émue d'entendre à nouveau ce mot dans la bouche de sa fille.

— Et moi, alors ? s'amusa Gérald. Laissez-moi poser ce fichu gâteau qui m'encombre et m'empêche de te faire un câlin !

— Oh oui ! Pardon ! Entrez ! Pose-le sur la table ! Merci papa, ma pâtisserie préférée, vous y avez pensé ! claironna Louise reconnaissant l'étiquette sur la boîte que Gérald tenait dans ses mains.

— Bien entendu ! C'est avec ces gâteaux que nous avons toujours fêté les bons moments ! On ne pouvait pas s'en passer pour le plus beau de tous ! affirma-t-il en enlaçant enfin sa fille adorée.

— Mais laisse-moi te regarder ! Tu es sublime ! reprit Marie, détaillant la jeune femme de la tête aux pieds. Cette robe blanche est juste magnifique et elle te va tellement bien ! Mais où est ma deuxième merveille ? On peut la voir ? Elle dort, peut-être ?

Marie était euphorique et son débit de paroles en attestait. Pourtant elle fut incapable d'articuler le moindre mot lorsqu'elle prit enfin la petite Angèle dans ses bras. Ses yeux brillants de joie et de tendresse, ne pouvaient se détacher du visage de l'enfant, son sourire si doux, ses gestes si affectueux et délicats, tout en elle exprimait l'amour qu'elle portait déjà à ce cadeau du ciel. Les mots refusaient de se former, mais ils étaient, de toute façon, bien inutiles. Aucun n'aurait su décrire cet instant si précieux et lui rendre justice.

Les autres convives ne tardèrent pas à arriver et le repas fut un réel moment de partage et de complicité. Louise semblait apprécier chaque minute, comme on savourerait un mets rare et exquis. Mais Jérémy avait raison, elle était sereine et mélancolique à la fois. Il ne parvenait pas à comprendre son attitude, sa manière d'être. Elle était différente et pourtant cette différence se faisait si discrète, elle se dissimulait derrière les habitudes comme si elle avait peur que quelqu'un ne la voie. Louise cachait quelque chose. Jérémy en était certain.

Le moment de se séparer approchait. Louise avait un rendez-vous, des papiers administratifs à signer, avait-elle dit. Elle ne voulait pas qu'Angèle patiente des heures dans des salles d'attente bondées, aussi avait-elle demandé à ses parents de garder son bébé. Elle le récupérerait à son retour. Marie avait bien entendu accepté, ravie et touchée de la confiance que leur fille leur accordait de nouveau. Elle embrassa chacun des invités chaleureusement, et les raccompagna sur le pas de la porte. Seul Jérémy tardait à la quitter. Il voulait être le dernier.

— Tu veux que je vienne avec toi à ce rendez-vous ? Je n'ai rien de prévu et ça ne me dérange pas, proposa le jeune homme.

— Non, merci. Tu sais ça peut prendre des heures. Moi à ta place, si je n'étais pas obligée d'y aller, je ne me l'imposerais pas ! soupira Louise s'efforçant de prendre un ton léger et détendu.

— Tu ne veux pas me parler Louise ? Je sens bien que…

— Chuuut, murmura-t-elle empêchant le jeune homme de terminer sa phrase. Je t'assure que tout va bien, ne t'inquiète surtout pas.

Elle détacha le long foulard qui maintenait ses cheveux noués, et le glissa autour du cou de Jérémy. Retenant le morceau d'étoffe, elle déposa un tendre baiser sur ses lèvres. Il comprit qu'il était inutile d'insister et prit congé, à contrecœur.

Louise, une fois seule, remit un peu d'ordre dans l'appartement, disposant chaque objet, chaque souvenir à sa place exacte, elle figeait ainsi le temps, l'empêchant de passer trop vite, l'obligeant à rester en suspens. Elle détaillait chacun d'eux comme si elle le voyait pour la première fois, comme si elle le voyait pour la dernière fois. Elle sortit enfin d'un tiroir, une petite enveloppe blanche qu'elle déposa sur la table basse et se dirigea vers le balcon.

Elle posa ses mains sur le garde-corps, prit une grande inspiration et ferma les yeux. Elle était prête. Elle attrapa une chaise, grimpa dessus, resta un instant immobile, debout, puis laissa simplement basculer son corps dans le vide. Elle n'avait pas peur. Elle était juste triste. Triste de quitter cette vie, ceux qu'elle aimait, Angèle. Mais elle était en paix. C'était son choix, sa décision. La meilleure décision qu'elle n'ait jamais prise. Sa chute dura une éternité durant laquelle elle revit tout ce qui l'avait conduite jusque-là. Pourtant lorsque l'impact eut lieu, il ne restait plus que l'amour, tout l'amour qu'elle était capable d'éprouver. Et le silence.

Un cri d'effroi retentit et alerta tous les habitants de l'immeuble. Une voisine venait de découvrir le corps inanimé d'une jeune femme baignant dans son sang. Le rouge vif du liquide visqueux contrastait avec la blancheur de sa robe. Ses longs cheveux roux cachaient son visage.

20

Les obsèques de Louise s'étaient déroulées dans l'intimité, la pudeur et la discrétion comme elle l'aurait certainement souhaité. Un bel enterrement selon certains. Cette phrase rendait Jérémy totalement fou. Comment un enterrement pouvait-il être beau ? Que pouvait-il y avoir de beau à ensevelir les gens qu'on aime ? À leur dire au revoir au milieu d'une sordide allée de cimetière ? À refermer, dans un grincement, une grille rouillée derrière soi comme on referme un livre qu'on ne pourra jamais relire ? Non, ce n'était pas un bel enterrement. Ça n'existait pas un bel enterrement. À présent, ne restait plus de celle qu'il avait aimée, de la mère de sa fille, qu'un nom et deux dates gravées dans du marbre. Louise Vernel 1996-2020. Elle serait Louise Vernel à jamais. Jérémy, à cet instant, réalisait la futilité de l'identité. Voilà ce qu'il en restait au final : des lettres d'or sur une pierre. Quelle importance ? Ils pouvaient bien inscrire ce qu'ils voulaient, ça changeait quoi ? Elle, quel que soit son vrai nom, n'était plus là. Elle, lui manquait. Et la culpabilité le rongeait. Il avait senti qu'elle n'allait pas bien, que quelque chose clochait, il n'avait rien fait, il ne l'avait pas protégée. Il ne parvenait pas à se pardonner.

Mona le soutenait, bien sûr, du mieux qu'elle pouvait. Mona était un roc. Elle avait une incroyable capacité, non seulement à rester debout, mais à relever les autres, et les maintenir sur leurs jambes. Rien ne semblait pouvoir la détruire, l'anéantir, la mettre à terre. Certains auraient pu mal interpréter cette force. Ils auraient pu penser qu'il faut être indifférent, insensible, pour tout supporter sans ciller. Quelle méprise ! Il faut bien au contraire tellement d'amour. Il faut, comme Mona, n'être qu'amour, car seul l'amour est permanent, infaillible, absolu. Elle tentait, patiemment, jour après jour, de défaire la culpabilité de son ami, de la détricoter maille après maille. Elle savait qu'il n'existe plus intime décision que celle du suicide et que Jérémy, pas plus que qui que ce soit d'autre, n'aurait pu savoir, prévoir, empêcher ce qu'il s'était passé, ce que Louise avait choisi. Elle savait que son cœur finirait par cicatriser, que sa colère s'estomperait, que sa culpabilité se dissiperait, et qu'il pourrait enfin goûter sa tristesse sereinement et célébrer son amour pour Louise et pour Angèle. Elle savait aussi, pour l'avoir parcouru, que le chemin pour en arriver là pouvait se révéler long et semé d'embûches. Mais elle serait près de lui et l'accompagnerait.

L'Autre

De leur côté Marie et Gérald surmontaient cette tragédie du mieux qu'ils le pouvaient. Lorsqu'on lui avait annoncé la mort de sa fille et les circonstances dans lesquelles celle-ci était survenue, Marie était restée immobile, prostrée, silencieuse. Elle n'avait ni hurlé ni éclaté en sanglots, ne s'était pas évanouie comme on pourrait s'y attendre en pareille circonstance. Elle était restée là, face à ce destin qui revenait la torturer, elle l'avait regardé droit dans les yeux, mais ne lui avait rien dit, ne lui avait pas répondu. Puis elle avait tourné la tête, posant son regard sur Angèle qui dormait paisiblement dans son couffin. Elle s'était approchée de l'enfant, l'avait prise précautionneusement dans ses bras, pour ne pas la réveiller. Elle avait serré contre son cœur le trésor que lui avait laissé sa fille, tout en effectuant de subtils mouvements de gauche à droite, et derrière ses paupières closes, avait enfin laissé venir ses premières larmes, discrètes et dignes, elles se mêlaient au doux son de sa voix qui entonnait à présent une tendre berceuse.

Si chacun tentait de survivre tant bien que mal à cette insupportable situation, personne n'avait vraiment compris le geste de Louise. Elle avait bien laissé un message, mais il ne suffisait pas à expliquer et justifier son acte. À peine quelques mots griffonnés rapidement sur un vulgaire bout de papier, comment cela aurait-il pu suffire ?

« Pardonnez-moi. Pardonnez mon geste. C'est mon choix. C'est le bon choix. Ne soyez pas tristes, je vous en prie, sachez que moi je suis en paix. Je ne vous demande pas de vous occuper de ma petite Angèle, je sais que vous le ferez bien au-delà de mes espérances. Je vous aime. Je vous aime comme je ne savais même pas qu'il était possible d'aimer. Je vous aimerai éternellement. Louise. »

Voilà, c'était tout. Juste quelques lignes. Et aucune réponse. Elle ne leur disait pas pourquoi. Elle ne leur disait pas que quelques jours plus tôt les flashs affluaient dans sa tête jusqu'à reconstituer l'histoire. Toute l'histoire. Elle avait retrouvé son passé et l'avenir ne pourrait plus être le même.

§

Le doigt sur l'interrupteur, on s'apprêtait à sonner chez Matthieu, ce soir-là. Puis du bruit, des cris provenant de l'appartement résonnèrent. On fut piqué par la curiosité. La main s'éloigna du bouton et se dirigea vers la poignée. Elle l'actionna, c'était ouvert. L'agitation était évidente, mais impossible d'entendre les mots échangés sur le balcon. À peine le temps de se cacher derrière une porte de placard, de couper sa respiration, de devenir invisible, que Matthieu déboulait, rongé par la fureur. Alors qu'il claquait la porte d'entrée derrière lui, Adèle le suppliait.

— Matthieu ! Tu as raison ! Je veux vivre avec toi ! Romane comprendra ! hurla-t-elle désespérée.

On reprit sa respiration, rapide, saccadée, irrégulière. La colère montait. Elle prenait le contrôle. Les mains tremblaient. On se jeta avec acharnement sur Adèle.

— Tu ne vaux pas mieux qu'elle !

Les mains ne tremblaient plus. Elles étaient fortes et déterminées. Elles poussaient la jeune femme dans le vide. Ces mains venaient de la condamner. Ces mains qu'elle connaissait si bien. Ces mains, dont l'une était barrée d'une large cicatrice.

§

Matthieu avait sombré dans l'alcool. Il s'était enfoncé dans une dépression dont il ne ressortirait plus. Immobile devant l'entrée du bar dans lequel il avait passé sa soirée, il tentait de retrouver un soupçon de lucidité.

— Oh putain ! C'est pas vrai ! Dites-moi que je rêve !

Matthieu reconnut immédiatement la voix de celle qui assurément s'adressait à lui. À quelques pas seulement, assise à même le sol, gorgée d'alcool et de drogue, Romane terminait de vomir sa bière.

— Il a moins fière allure qu'avant, le toubib ! ironisa-t-elle.

Matthieu était bien décidé à ne pas répondre aux provocations de celle qui aurait dû devenir un jour, sa belle-sœur. Il ne l'avait jamais revue depuis la disparition d'Adèle et cela lui convenait parfaitement. Il s'apprêtait à se mettre en route pour regagner sa voiture.

— Oh ! Je te parle, toubib ! Ça fait quoi, hein ? Ça fait quoi quand on est habitué à pourrir tranquillement la vie des autres et qu'on tombe sur un os ? Quand on vient pourrir la tienne, ça fait quoi, je te demande ? hurla la jeune femme pleine de rancœur. Tu croyais vraiment que j'allais me laisser faire ? cracha-t-elle dans un éclat de rire de démence.

— T'essaies de me dire quoi, hein, espèce de tarée ? Qu'est-ce que tu as fait ? Qu'est-ce que tu as fait ? fulminait le docteur.

Matthieu ne se contrôlait plus. Il souleva Romane avec violence, la plaquant contre le mur. La jeune femme, dans un état second, continuait de le narguer, se délectant de le voir perdre ses moyens.

— Est-ce que t'es responsable de sa mort ? vociféra-t-il. Non. Non, c'est pas possible. Même toi t'es pas assez malade pour pouvoir assassiner ta propre sœur et son bébé.

— Ça, c'est vrai ! Pour le gamin, je savais pas. En même temps, elle me disait plus rien, faut pas s'étonner après ! s'amusait à ironiser Romane, provocante et agressive. Mais vous croyez quoi, sans déconner ? Qu'on peut jeter les gens comme des merdes, les abandonner quand ça nous chante sans jamais prendre un retour dans la gueule ?

L'Autre

L'autre salope aussi l'avait cru et ta petite fiancée chérie ne valait pas mieux qu'elle !

— De qui tu parles ? De ta mère ?

— Non, toubib, ça c'est pas une mère, c'est une salope ! bava-t-elle en lui montrant sa cicatrice. Voilà le cadeau qu'elle m'a fait avant de m'abandonner dans une prison pour gosse ! Alors je suis revenue, dès ma première sortie. Elle était là, vautrée sur son canapé, comme toujours. J'ai attrapé un oreiller, je l'ai posé sur son visage et j'ai appuyé, appuyé, appuyé ! C'était délicieux. Elle ne s'est presque pas débattue, je ne suis même pas sûre que cette loque se soit rendu compte de ce qui lui arrivait. Dommage. J'aurais adoré qu'elle souffre et qu'elle sache qu'elle me le doit.

— T'es une malade ! Dis-moi que c'est pas vrai ! Dis-moi que c'est pas toi qui a fait du mal à Adèle ! postillonnait Matthieu en secouant Romane. Elle t'aimait tellement. Elle ne t'a jamais abandonnée et elle ne voulait pas le faire. T'es un monstre.

— Elle voulait pas le faire ? Matthieu ! Tu as raison ! Je veux vivre avec toi ! Romane comprendra ! répéta-t-elle singeant sa sœur. Voilà ce qu'elle a dit. T'étais déjà sorti, tu pouvais pas l'entendre, mais moi je l'ai entendu. Bien sûr qu'elle voulait m'abandonner. Comme les autres.

Matthieu était anéanti. Il pleurait. Il souffrait. Il souffrait tellement. Il aurait pu la tuer, là, maintenant. Serrer son cou jusqu'à ce qu'elle se taise. Serrer son cou avec la seule force de son chagrin aurait suffi. C'était si douloureux en lui. Il brûlait de l'intérieur.

— Tu vas crever Romane, tu m'entends ? C'est moi qui te ferai rendre ton dernier souffle, la menaça-t-il.

— Lâche-moi, pauvre type ! beugla-t-elle sans se laisser impressionner. Trop d'alcool et pas assez de couilles pour ça, toubib. Alors, casse-toi et fous-moi la paix. Tu me fais pas peur ! jura-t-elle avant de cracher au visage de son interlocuteur.

Matthieu Rolland ivre de haine et d'alcool lâcha sa victime d'un geste brusque, et lui lança un dernier regard empli de dégoût. Il repartit d'un pas décidé vers sa voiture garée à proximité. Romane poursuivit sa route, ruminant sa colère, elle n'avait pas réalisé qu'elle n'avait plus son sac. L'avait-elle laissé tomber ou ce dingue l'avait-il emporté ? Elle chercha rapidement alentour, mais un réverbère cassé plongeait la rue dans une quasi-obscurité. Les phares d'une voiture blanche éclairèrent brièvement le trottoir, mais le véhicule venait déjà de la dépasser, impossible de voir clair. Un moteur grondait derrière elle, le bruit qu'il faisait n'était pas normal. Le chauffeur semblait accélérer démesurément. À peine le temps de se retourner, que Romane vit arriver droit sur elle le véhicule de Matthieu. Tel un fou furieux, ses deux mains accrochées au volant, son regard turquoise fixe et totalement vide, il fonçait. Puis ce fut le choc, et bientôt le trou noir.

§

Voilà ce que Louise avait trouvé en fouillant son passé. Voilà tout ce qu'il avait à lui offrir. Elle avait mis tant d'espoir en lui. Elle avait cru qu'il serait le terreau où elle trouverait ses racines, où elle planterait celle d'Angèle. Le terreau dans lequel, ensemble elles grandiraient. Mais le passé n'aime pas l'avenir. Et on ne peut pas bâtir sur lui, on ne peut pas y vivre non plus. Il n'y a pas de vie dans le passé. La vie n'existe qu'au présent. Notre terreau c'est aujourd'hui. Le passé n'est que sables mouvants. Louise s'était fait ensevelir. Alors, elle avait fait un choix. Elle ramènerait le passé à sa juste place, dans sa tombe, quitte à l'y suivre. Personne ne verrait son visage, personne ne le connaîtrait. Il ne viendrait pas troubler la vie de ceux qu'elle aimait. Elle laissait la vie aux vivants. Elle emportait avec elle les morts et le malheur.

21

Armelle replia son journal, songeuse. Pour elle, il était des métiers qu'on ne quitte jamais. Des vocations plus que des professions. Des habitudes, des manières de vivre et d'être que la retraite ne pouvait dissiper. Bien sûr, flic faisait partie de ces professions. Depuis son départ, elle continuait de suivre les affaires en cours, les vieux dossiers non résolus. Comme cette affaire, son affaire, sa dernière, son échec qu'elle n'avait toujours pas digéré. Ses collègues la sollicitaient encore pour son expérience, sa sagacité, lui faisant passer, plus ou moins discrètement, des documents afin qu'elle jette un œil, qu'elle donne son avis. Elle se tenait informée du moindre fait divers, regardait la télé, épluchait les journaux. Et justement, ce qu'elle venait d'y lire la perturbait terriblement. Le suicide d'une jeune femme, défenestrée. Au-delà du dramatique de l'histoire, c'est le nom de la victime qui retenait toute son attention. Louise Vernel. Elle connaissait ce nom. Elle ne l'avait pas oublié. Cette pauvre gosse devenue amnésique suite à un accident s'était révélée être une enfant disparue à l'âge de huit ans. Aujourd'hui elle se donnait la mort. Certaines personnes héritent vraiment de destins tragiques. Mais ce qui troublait Armelle, c'était que si elle connaissait l'identité de cette jeune femme, c'était parce qu'à l'époque, elle l'avait prise pour une autre. Elle avait cru reconnaître Romane lors de l'appel à témoins. Romane, la petite sœur éplorée d'Adèle, décédée également par défenestration. Étrange coïncidence. Mais Armelle ne croyait pas au hasard. Elle croyait aux bandits, aux escrocs, aux assassins même, mais certainement pas au hasard. Elle attrapa son téléphone portable et appela son ancien collègue. La réponse de ce dernier, comme d'habitude, fut favorable. Il lui donnerait quelques renseignements sur le suicide de Louise Vernel, et si elle passait pendant la pause déjeuner, elle pourrait consulter tranquillement les archives sans être dérangée. Armelle était satisfaite. Elle savait qu'elle ne rentrerait pas bredouille. Il y avait inévitablement quelque chose là-dessous.

Elle arriva dans ses anciens bureaux, une boîte de sushis sous le bras. Elle supposait que son ami n'aurait pas encore déjeuné et qu'il serait ravi de partager, comme au bon vieux temps des journées à rallonge, des enquêtes qui s'éternisent, un assortiment de chez son traiteur préféré. C'était devenu un petit rituel entre eux, et elle se demandait si, plus que la tranquillité, ce n'étaient pas les sushis qui motivaient le policier à lui donner systématiquement rendez-vous à midi. Cette pensée l'amusa.

Alors que son collègue dégustait son repas avec gourmandise, Armelle s'attelait à ne laisser passer aucun détail. Elle lisait, relisait les rapports minutieusement. C'était forcément là, sous ses yeux. Soudain, une évidence. La robe. Une certitude. La robe était la clé.

Louise Vernel ne pouvait être que la jeune Romane, Armelle en était convaincue. La ressemblance d'abord l'avait interpellée, mais sa mort en tout point similaire à celle d'Adèle venait définitivement entériner cette hypothèse. Le hasard n'existe pas. Consciemment ou inconsciemment, Romane avait reproduit la scène du drame à l'identique. À l'identique, c'était bien ça qui mettait Armelle mal à l'aise. Louise portait une longue robe blanche lorsqu'on l'avait retrouvée gisant au sol, tout comme Adèle. Mais la jeune femme n'avait pas vu sa sœur depuis la veille et son corps ne lui avait ensuite été présenté qu'une fois préparé. Il était donc impossible pour elle de savoir comment Adèle était vêtue au moment de sa mort, à moins… À moins d'être sur place ce soir-là ! Armelle frissonna, cette théorie la glaçait. Pourtant, plus elle y réfléchissait, plus elle recoupait les informations et plus elle devait se rendre à l'évidence. La vérité c'était que Romane avait poussé sa sœur dans le vide. Aussi terrible et incompréhensible que cela pût paraître, il n'y avait plus de doutes.

L'Autre

— Tu as trouvé ce que tu cherchais ? demanda le policier qui se léchait les doigts après avoir englouti le dernier sushi.

— Heu, non, répondit Armelle catégorique. Non. J'ai rien du tout. Une vague intuition que je voulais vérifier, mais je me suis trompée. À croire que je perds la main, je vais finir à la retraite pour de bon, moi ! plaisanta-t-elle pour dissimuler sa gêne.

L'homme rit grassement avant d'ajouter :

— Malheureusement, ça fait aussi partie de notre métier ! La déception de ne pas arriver à démêler une affaire ! On n'est pas infaillibles ! Et puis certaines sont tellement tordues !

— Oui, tellement tordues, tu as raison !

Armelle referma les dossiers et les rangea à leur place. Elle ne souhaitait pas qu'ils restent plus longtemps à la vue de tous. Elle ne voulait pas qu'un policier en manque de vérité aille y fourrer son nez. Elle avait pris sa décision. Elle garderait sa découverte pour elle. À quoi bon l'exposer ? Elle avait vraiment voulu rendre justice à Adèle, mais ce n'était sûrement pas en divulguant ces informations qu'elle y parviendrait. L'auteur des faits était décédé, il n'y aurait donc jamais de procès, jamais de coupable. Jamais de responsable à la mort de cette jeune femme. Et puis d'après les témoignages qu'elle avait recueillis à l'époque, Adèle aimait profondément sa sœur. Elle avait consacré sa vie à la protéger, elle n'aurait pas souhaité que sa mort lui cause du tort. Elle n'aurait pas accepté qu'on la salisse surtout après son suicide. Finalement la coupable avait avoué, s'était repentie même, en se donnant la mort. Alors à quoi auraient servi ces révélations ? Il ne restait plus personne du côté d'Adèle pour en souffrir. Il ne restait qu'une famille, des amis, des gens bien, des proches de Louise qui ne méritaient pas qu'on rajoute du malheur sur leur malheur, de la tragédie sur leur histoire, du poids sur leur passé. Non. Ce n'était pas ce qu'Adèle aurait voulu et ce n'était pas ce qu'Armelle ferait. Adèle aurait choisi l'oubli et Armelle oublierait.

Épilogue

« Ce que nous faisons pour nous même disparaît avec nous. Ce que nous faisons pour les autres et le monde est immortel et demeure. »

Albert Paine

Il avait fallu se résoudre à vider l'appartement de Louise. Marie et Gérald s'étaient fait accompagner par Mona et Jérémy, leurs histoires resteraient liées pour toujours autour de Louise, autour d'Angèle. Personne ne soupçonna, au moment de vider la corbeille à papier, que les quelques cendres qui en recouvraient le fond détenaient cette vérité qu'ils ne connaîtraient jamais. Cette vérité que Louise avait couchée sur du papier avant de la condamner à l'oubli.

Maryn Morgan

« Mon ange, mon Angèle,

Cette lettre, tu ne la liras pas, personne ne la lira, elle n'a rien à apporter, rien à offrir. Cette lettre c'est moi qui avais besoin de l'écrire. Je vais partir et je voulais juste une dernière fois, te parler, tout te dire, te savoir dans ma vie, te savoir dans mon cœur, à jamais. Cette lettre, peut-être, pourra-t-elle aussi soulager ma conscience, et alléger mon âme, pour là où je vais, j'en aurai bien besoin. D'ailleurs je ne sais pas vraiment où je vais, je ne sais pas où vont les monstres. Sans doute en enfer, ce serait bien leur place. Car c'est ce que je suis, Angèle : un monstre. Peut-être pas vraiment moi, mais l'Autre, sans aucun doute. Cesse-t-on d'être un monstre quand on l'a oublié ? Possible. Je ne me suis jamais cru capable de faire ce qu'elle a fait, je pense que je ne l'étais pas. Mais j'ai tellement remué le passé, tellement voulu savoir ce qu'il contenait. Aujourd'hui, je me rappelle et se rappeler change tout. Aujourd'hui, je sais qu'elle existe, je sais ce qu'elle a fait, je sais ce qu'elle peut faire. Je suis sa quatrième victime. Mais cette fois elle n'en réchappera pas, je l'empêcherai de nuire. Pour toujours. Sa mère, sa propre mère. Sa sœur et son bébé. Qui peut faire ça ? Quelles que soient les raisons, rien ne peut le justifier, rien ne peut le pardonner. Elle a été abandonnée, elle a souffert ? La belle affaire ! Le malheur ne donne aucun droit. Le malheur se porte, se supporte, s'accepte et puis un jour il se dépasse, se transcende. Les êtres emplis d'amour savent faire ça. Je l'ai appris à leurs côtés. Les monstres eux, désignent un responsable, trouvent un coupable, le jugent, le condamnent, exécutent la sentence. C'est ce qu'elle a fait. Je ne peux pas la laisser vivre auprès de toi. Elle me fait peur. Ne pense surtout pas que je t'abandonne, moi aussi, c'est la seule vraie manière que j'ai de prendre soin de toi. Je ramène le passé dans sa tombe, c'est sa place. Et toi, mon petit ange, tu vas vivre. Le présent et l'avenir t'appartiennent. Tu ne porteras aucun poids. Tu n'auras pas à supporter d'être la fille d'une meurtrière, enfermée dans une prison pour avoir assassiné ta famille, ou d'une pauvre folle, internée dans un HP, à force de garder ses secrets. Non. Tu es et resteras Angèle Vernel. Gérald te le dira, tu es un papillon. Écoute-le, je t'en prie, écoute-le ! Déploie tes ailes, va de l'avant. Ne te retourne pas. Jamais. Lui et Marie t'apprendront la beauté du présent, la force de l'amour. Ils me l'avaient offert, mais je n'ai pas compris. Personne ne pourra remplacer leur Louise adorée, mais la petite fille qu'ils méritent de chérir, d'avoir à leur côté, ce n'est pas moi. C'est toi. Ils t'aimeront, tu verras. Ils t'aimeront tellement. Leur amour te fera grandir, te rendra forte, invulnérable. Tu pourras t'appuyer sur eux, te reposer, te sentir en sécurité. Ils sont si solides. Il existe des gens qui ne sont faits que d'amour, qui ont su dépasser tout le reste. C'est bien eux les plus forts. Ils sont invincibles, ils sont immortels. Mes parents sont de ces gens-là. Mon amie, Mona aussi. Fais confiance à Mona, n'hésite pas à la suivre. Elle t'apprendra l'oubli. Comme elle aura raison ! Enfin, il y a Jérémy, ton papa. Tout en pudeur et retenue, c'est la personne la plus sensible, la plus généreuse, la plus authentique que je connaisse. Comme je suis fière qu'il soit ton père. Tu vois, tu ne manqueras de rien. Je vous aime, si tu savais. Il va falloir que je te laisse, mon petit ange, mon Angèle. Le temps me presse, le temps me manque. La vie t'appelle, il ne faut pas la faire attendre. N'écoute pas ce que je t'ai dit, il n'y a pas de monstres en ce monde. Les monstres, ça n'existe pas. Il n'y a que des êtres qui souffrent, qui souffrent tellement, à en crever et qui ne savent pas quoi faire de leur mal. Alors ils le déversent sur les autres, pensant se délester de ce qu'ils ont infligé. Terrible erreur. La haine est comme l'amour. Tout ce qu'on donne aux autres nous revient au centuple. On ne s'en décharge pas, on s'en nourrit. Je l'ai compris bien tard. L'Autre ne le savait pas.

Vivez, dansez, aimez, oubliez ! Ne regardez pas en arrière, je n'y suis pas. Il n'y a rien, il n'y a personne. Tout est là, aujourd'hui. Je vous aime. Et l'amour, lui, est éternel. Il me survivra à jamais.

Au revoir, petit papillon.

Adieu, mon ange, mon Angèle.

Ta maman,

Louise Vernel »

« *La mémoire est dans le cœur.* »

Madame de Sévigné

Remerciements :

Merci, chère lectrice, cher lecteur, d'avoir pris le temps de découvrir l'histoire de Louise. J'espère que cette lecture vous a été agréable. Si tel est le cas, n'oubliez surtout pas de laisser un commentaire sur Amazon, je vous en serai vraiment reconnaissante car c'est essentiel pour sa visibilité.

Si le cœur vous en dit, n'hésitez pas non plus à me contacter par mail : marynmorgan8@gmail.com ou à me suivre sur les réseaux sociaux.

Je vous remercie infiniment,

A très bientôt,

Maryn

Du même auteur :

disponible en ebook et broché sur Amazon

Les mots des lectrices et lecteurs:

"Ce n'est pas simplement un roman mais une véritable aide à se reconstruire nous-même, une quête philosophique que l'auteure nous offre." **La Lectrice Compulsive**

"Le seul jour à vivre est aujourd'hui ! [...] C'est le thème de ce très beau roman qu'on pourrait qualifier de "fcel good" ou de "développement personnel" ou de "conseils pour bien vivre chaque journée". Peu importe comment on nommera ce bouquin ! C'est un très bon livre, très bien écrit, en plus, avec une belle écriture, poétique même à certains moments ! " **D'un Livre à l'Autre**

"Beaucoup aimé ce livre. Il nous ouvre à une réflexion sur la "Vie". Il est romancé, doté d'un optimisme qui fait du bien malgré la gravité du sujet et un suspens... " **Sophie A.S**

"Un livre qui fait du bien...." **Nadia L**

"Belle écriture qui mène à la réflexion. J'ai beaucoup aimé." **Pascale S**

"Un excellent style littéraire, une histoire tendre, une belle morale, un livre « feed good » qui fait du bien." **Rouge Polar**

"Ce roman fait réfléchir sur le rapport que nous avons à la vie, aux biens matériels, et nous ramène à l'essentiel !" **Perdue Dans Mes Livres**

<u>Synopsis:</u>

À la suite d'un événement dramatique, Elsa se retrouve plongée dans un profond désespoir. Une rencontre aussi étrange qu'inattendue va l'emmener à la découverte d'elle-même ; à la découverte du bonheur ; à la découverte de la vie.
Elsa n'oubliera plus jamais qu'il n'existe qu'un seul jour à vivre : aujourd'hui.

Un seul jour à vivre est un roman de développement personnel, un livre feel good, mais pas seulement... c'est un livre qui nous invite à vivre le moment présent, à vivre en pleine conscience, à accepter ce qui est, et finalement à être heureux. C'est une déclaration d'amour à la vie, un hymne au bonheur.

---

disponible en ebook et broché sur Amazon

<u>**Les mots des lectrices et lecteurs:**</u>

« Juste WOW ! Impossible de lâcher cette histoire. Mais quelle magnifique nouvelle, et quelle fin ! » **Lecture Passion**

« Une nouvelle dont vous vous souviendrez ! C'est une très belle nouvelle, en plus la chute finale est top ! » **William A**

« Bouleversant ! Une nouvelle glaçante à la chute époustouflante ! » **Marie-Hélène F**

« Une histoire courte mais intense. On en redemande. » **Serge M**

<u>**Synopsis:**</u>

A 23 ans, Clément aurait dû vivre la plus belle période de son existence, celle où l'insouciance règne en maître, celle où l'on se sent invulnérable, celle de tous les possibles. Pourtant, son quotidien est tout autre, et pour le rendre supportable, les anxiolytiques deviennent ses meilleurs alliés. Trahi, abandonné par ceux qu'il aimait, il subit journellement le mépris et la causticité de parents obsédés par l'apparence et la réussite matérielle. Cette réussite tapageuse, incarnée par un frère absent, devient l'Exemple à suivre. Un exemple que Clément rejette : son cœur le refuse, sa vie est ailleurs. Mais parviendra-t-il à supporter la pression de son entourage ou devra-t-il se soumettre, se renier lui-même, pour finalement suivre l'Exemple ?

www.ingramcontent.com/pod-product-compliance
Lightning Source LLC
Chambersburg PA
CBHW031118250726
48655CB00004B/1757